四特 教育系列丛书 SITE JIAOYUXILIECONGSHU

管好班干部

《"四特"教育系列丛书》编委会 编著

吉林出版集团股份有限公司
全国百佳图书出版单位

图书在版编目 (CIP) 数据

管好班干部／《"四特"教育系列丛书》编委会编著．
—长春：吉林出版集团股份有限公司，2012.4
（"四特"教育系列丛书／庄文中等主编．班主任治班之道）

ISBN 978-7-5463-8790-1

I. ①管… II . ①四… III . ①中小学－学生干部－干部管理 IV . ① G635.5

中国版本图书馆 CIP 数据核字（2012）第 043960 号

管好班干部

GUANHAO BANGANBU

出 版 人	吴　强	
责任编辑	朱子玉　杨　帆	
开　　本	690mm×960mm　1/16	
字　　数	250 千字	
印　　张	13	
版　　次	2012 年 4 月第 1 版	
印　　次	2023 年 2 月第 3 次印刷	

出　　版	吉林出版集团股份有限公司
发　　行	吉林音像出版社有限责任公司
地　　址	长春市南关区福祉大路 5788 号
电　　话	0431-81629667
印　　刷	三河市燕春印务有限公司

ISBN 978-7-5463-8790-1　　　　　定价：39.80 元

前　言

学校教育是个人一生中所受教育最重要的组成部分，个人在学校里接受计划性的指导，系统地学习文化知识、社会规范、道德准则和价值观念。学校教育从某种意义上讲，决定着个人社会化的水平和性质，是个体社会化的重要基地。知识经济时代要求社会尊师重教，学校教育越来越受重视，在社会中起到举足轻重的作用。

"四特教育系列丛书"以"特定对象、特别对待、特殊方法、特例分析"为宗旨，立足学校教育与管理，理论结合实践，集多位教育界专家、学者及一线校长、老师的教育成果与经验于一体，围绕困扰学校、领导、教师、学生的教育难题，集思广益，多方借鉴，力求全面彻底解决。

本辑为"四特教育系列丛书"之《班主任治班之道》。班主任是教师队伍的重要组成部分，是班级工作的组织者、班集体建设的指导者、学生健康成长的引领者，是思想道德教育的骨干，是沟通家长和社区的桥梁，是实施素质教育的重要力量。班主任工作是学校教育中极其重要的育人工作，既是一门科学，也是一门艺术。班主任工作既包括日常的教学管理，也包括班级文化建设。

本辑共 20 分册，具体内容如下：

1.《管好班干部》

班干部是班集体的核心，也是班级的"火车头"，这个"头"带的好不好，马力足不足，直接影响到整个班级的运转。有了优秀的班干部队伍，班级各项工作就会顺利开展，班级面貌就会生机勃勃；反之，班级就是一盘散沙，集体就会涣散无力。因此，如何培养一支素质高、能力强的班干部队伍，显得尤为重要。本书对班主任如何管理好班干部进行了系统而深入的分析和探讨，并提出了解决这一问题的新思路、可供实际操作的新方案，内容翔实、教案丰富，对中小学班主任颇有启发意义。

2.《带班的技巧》

本书讲述的常见问题与解决策略，绝大多数来自新时期一线班主任的教育实践，因此，其实用性和可操作性是不言而喻的。同时，本书又不拘泥于就"问题"论"问题"，而是透过现象看本质，善于引导新班主任们看到问题背后更深层次的东西，从而看得更远、想得更深、悟得更多。

3.《全能班主任》

优秀的班主任是如何炼成的？他们的成长要经过多少道磨练？……本书对优秀班主任成长必经的多项全能进行了深刻剖析与精彩演绎。

来自一线最真实的问题，来自一线最优秀班主任的"头脑风暴"，来自全国著名班主任的点拨,使得本书在浩如烟海的班主任培训用书中脱颖而出。

4.《拿什么约束班主任》

班级是学校进行教育、教学工作的基本单位。班主任是班集体的组织者、教育者和指导者,是学校领导实施教育、教学计划的直接执行者,是指导团队开展工作的重要力量,是沟通学校、家庭、社会三结合教育渠道的桥梁。为了能更好地体现新课程改革对班主任工作的要求,进一步规范班主任工作的管理,明确班主任工作职责,促进班级工作的开展,建立良好的班风、校风,班主任教师除在工作中讲究技巧性和艺术性外,还应该有严格的工作要求与便于实践操作的基本规范。

5.《班主任的基本功》

班主任工作十分繁杂,头绪很多,要想成为一名优秀的班主任,应当从事务堆中解脱出来,始终保持清醒的头脑,以明确自己的使命。本书全方位地阐述了新时期做好班主任应具备的各方面要素,从班主任实际工作出发,从工作中出现的问题入手,再到详细地分析问题的成因,最后提出解决问题的方法、策略或建议。本书反映了我国新时期有关班主任工作的方针、政策的新动向,反映了班主任教育理念发展的新趋势,同时也反映了班主任工作实践活动的新发展。

6.《从细节入手》

班主任是班级的组织者、协调者、领导者和教育者,是距离学生最近、与学生接触最多、对学生影响最大的老师。他的管理、教育影响的发挥在很大程度上取决于对教育细节的把握。细节虽小,却能透射出教育的大理念、大智慧。一个成功的班主任,一定是一个关注细节、善于利用细节去感染、教育和管理学生的人。

7.《班主任谈心术》

当前,青少年心理健康问题已成为全社会越来越关注的焦点。因青少年心理问题引发的违法犯罪等社会问题,也呈日趋上升的态势。现代教育的发展要求教师"不仅仅是人类文化的传递者,也应当是学生心灵的塑造者,是学生心理健康的维护者"。作为一班之"主"的班主任,能否以科学而有效的方法把握学生的心理,因势利导地促进各种类型学生的健康成长,将对教育工作的成败有决定性的作用。但是,面对性格迥异,出身、家庭等各有不同的学生,如何走进他们的心灵、倾听他们的心声、解决他们的思想问题?本书将一一为您解答。

8.《班主任治班之道》

班级是学校的基础"细胞"。班级管理搞好了,学校的教育、教学工作才会得以顺利。正如赫尔巴特所说:"如果不坚强而温和地抓住管理的缰绳,任何功课的教育都是不可能的。"可见班级管理工作是多么的重要。而班主任作为班级的组织者、管理者,做好班级的管理就成为班主任工作的重中之重。

9.《怎样开好班会》

主题班会可以锻炼学生的活动能力，开拓他们的眼界。如何设计好一场别开生面的主题班会，寓教于乐，从思想上和情感上润物无声，对学生起到特殊的教育作用，这本手册是您的最好选择。分类细、立意精、内容新，一册在手，开班会不愁!

10.《突发事件应对》

书中列举的大量真实生动的案例，无不充满智慧，充满心与心的交流。书中的一幕幕校园闹剧，让人有种似曾相识的感觉;书中老师的"斗智斗勇"，让人感到耳目一新，由衷叹服，不禁感慨教育真是一门充满智慧的学问!

11.《学生人格教育》

本书从人格类型入手，对教师和学生的人格类型进行了划分;再结合大量实证研究和教学实践个案，提出了教师应如何巧妙地根据学生的心理类型，在全班教学的同时又针对类型差异，进行适应个别差异的教学和管理，以满足学生的需要来激发学生的学习兴趣，进而提高教学效率，使每个学生得到适合自己的发展。阅读本书，教师不仅能够掌握更有效的教学方式、让学生喜欢上学习、提高教学质量，而且能够对自己有更进一步的了解，有利于教师的自我成长。

12.《学生心理教育》

当前我国教育改革和发展面临的重大任务和时代主旋律，是全面实施和推进素质教育。素质教育的重要内容和目标之一，就是培养学生良好的心理素质，提高学生的心理健康水平。而要想培养和发展学生的心理素质，最重要的方法就是面对全体学生系统地开展心理健康教育。本书就是一本供中小学生心理健康教育用的书，有助于引导中小学生领悟到相关的理念、知识和方法。

13.《学生遵纪守法教育》

对广大青少年的遵纪守法教育应根据其认识水平，从纪律教育入手，让他们从小建立起规则意识。而且要明确所在学校的校规，所在班级的班规;要了解学校的各种制度。由学校的一些纪律制度，推而广之，让青少年对必要的社会公共秩序的规定也要有所了解。同时，要青少年明白人小也要守法。本书以青少年为主要读者对象，目的是让青少年读者感受到遵纪守法的必要性。

14.《学生热爱学习教育》

本书通过大量实例，深入浅出地剖析了动机的重要性和来源，教您如何激发学生投入学习的动机，怎样鼓励学生完成学习任务，还告诉您怎样及时遏制学生在课堂上的不当动机。掌握了激发学生学习动机的策略之后，您会发现，让学生都爱学习，已不再只是梦想，它正在慢慢变为现实。

15.《学生热爱劳动教育》

教育与生产劳动相结合是我党教育方针的重要组成部分，是我们坚持社会主义教育方向的一项基本措施。要搞好教育与生产劳动的有机结合，必须首先教育学生热爱劳动，使每个学生对劳动产生渴望，感到劳动是一种欢乐，是一种享受。当学生能从劳动中取得乐趣时，劳动教育才算获得成功。

16.《学生热爱祖国教育》

热爱祖国是中华民族的传统美德，是每个公民的神圣义务。"以热爱祖国为荣，以危害祖国为耻"不仅是一个普通的道德准则，也是公民的生活规范。爱国主义是维护中华民族大团结，促进社会大发展的主要精神动力，是中华民族最基本、最重要的传统美德。爱国主义，也是对自己祖国和人民的深厚感情。

17.《学生热爱社会教育》

构建社会主义和谐社会，必将为青少年健康成长创造一个优良的社会环境。同时，加强青少年社会教育，促进青少年健康成长，对于促进社会主义和谐社会建设具有十分重要的意义。社会的持续发展，持续和谐，在很大程度上取决于今天的青少年能否成为未来社会的合格成员，而培养合格的社会成员，仅靠学校教育、家庭教育是不够的，必须坚持学校教育、家庭教育和社会教育相结合。

18.《学生热爱科学教育》

当你们看着可爱的动画片，玩着迷人的电脑游戏，坐上快速的列车，接听着越洋电话的时候……你可曾意识到科学的力量，科学不仅改变了这个世界，也改变了我们的生活，科学就在我们身边。科学技术的日新月异，使得科学不只为尖端技术服务，也越来越多地渗透到我们的日常生活之中，这就需要正处于青少年时代的我们热爱科学，学习科学。

19.《学生热爱环境教育》

我们不是从祖先那里继承了地球，而是从子孙那里借用了地球。宇宙无垠，地球是一叶扁舟，人类应该同舟共济。地球能满足人类的需要，但满足不了人类的贪婪。森林是地球的肺，我们要保护森林。水是生命的源泉，珍惜水源也就是珍惜人类的未来。拯救地球，从生活中的细节做起。对待环境的态度，表现着一个人的素质和教养。人类若不能与其它物种共存，便不能与这个星球共存。幸福生活不只在于衣食享乐，也在于碧水蓝天。

20.《学生热爱父母教育》

专家认为教育首先是让孩子"成人"，然后再是"成才"。要弄清成绩、成人与成才三者的关系，谨防"热爱教育"缺失造成的心灵成长"缺钙"现象。对一个孩子健全人格的培养，最关键的要让他做到几点：热爱父母，能承受挫折、吃得起苦，有劳动的观念。热爱父母，才能延及热爱社会、热爱人生。

由于时间、经验的关系，本书在编写等方面，必定存在不足和错误之处，衷心希望各界读者、一线教师及教育界人士批评指正。

编者

目　录

第一章

班干部的选拔原则

讲究用权之道，明晰用权原则

作为班级的组织者、领导者，班主任全面负责班级管理工作，种种管理皆需要班主任起到职责范围内的支配作用。因而，中小学班主任也要讲究用权的方法和用权的艺术。

何为用权之道、用权艺术？就是中小学班主任在班级管理工作实战中，充分发挥主观能动性，有效地把主观同客观高度统一起来，遵循用权原则，创造性地动用权力，有效地开展班级管理的方法。

班主任用权原则有以下三种：

一是民主原则。班主任在行使权力的过程中，要体现学生是班级管理的主体，走群众路线，充分发挥班委会的作用，增强民主意识、平等意识和民主作风，集中集体智慧，实行民主管理。

二是依法原则。班主任要在国家和地方有关教育法规、制度、方针、政策许可范围内，正确行使权力，做到有章可循、有法可依。因此，班主任必须认真学习有关法律和方针政策，增强法治意识和依法用权的自觉性。

三是廉洁原则。班主任在运用权力时，不能以权谋私，要在自己职责范围内更好地为全班同学、家长和任课教师服务。对于班主任来说，没有无责任的权利，也没有无权利的责任，但权利绝不是班主任谋取个人私利的工具。

班主任运用权力：①要对班里的大事心中有数，把自己的主要精力用于抓班级的主要矛盾，统一调度，形成合力，有效地对主要矛盾实施控制，进而推动大事的解决。②制定班级重大决策，必须搞好和班委会、任课教师的内部协调。因为一项重大决策在提交班委会或任课教师会讨论时，往往会产生意见分歧。班主任要有充分思想准备，做好各环节、各方面的工作，统一思想认识。因此，班主任事先要搞好预测，要有预案，做到心中有底，会前和班委会成员、任课教师通气，通报情况，征求意见，搞好沟通；会上出现不同意见时，班主任要及时说明，搞好协调，允许保留意见；会后要做好思想工作。

当前，我国社会、经济活动方式要求实现两个根本性转变：一是经济体制从传统的计划经济体制向社会主义市场经济体制转变；二是经济增长方式从"粗放型"向"集约型"转变。班级管理也应实现由"粗放型"向"集约型"的转变。

从资源利用的角度看，班级管理过程的实质是班主任利用物质的、精神的、制度的资源，引导学生实现班级管理目标，达到育人目的的过程。这些资源包括班级管理中运用的人、财、物、信息、思想、文化、制度、机构，如班主任和班干部投放的时间和精力、班内的各项规章制度等。在这一过程中，必然要求提高效率，实现集约化管理。有的班主任不善于放手管理，整天忙得不亦乐乎，看似夙夜在公，实则效绩平平，资源被大量浪费。

班级管理模式从"粗放型"向"集约型"的转变要求班主任关注班级管理中投入的资源（时间、精力等）与产出效益（实现班级管理目标）的比例关系，追求以最少的投入获得最大的产出效益。对班级管理中使用的人力资源，包括班委、团支部、科代表、小组长等，要加强培训，增强他们的管理能力；对班规班纪等制度资源要有一个合理的设计，达到高效利用。

权力本身具有一种潜在的影响力。因此，班主任在行使权力之前，要善于利用学生对自己的期望，利用自己的人格力量和集体舆论，采用诱导或警示等方式，先在班级造成一种接受与服从权力的心理氛围，这时再行使权力，就会让学生自然而然地接受与服从。任何心理活动都会受到周边环境和各种情况的影响。因此，班主任在用权时应当考虑当时的情境因素，根据具体的情境采取不同的方式对学生进行教育和管理。班主任要教育和管理好全班几十个学生，这的确是一项复杂而繁重的任务，全班几十个学生自然是个性不同的，因此班主任在行使权力时应根据学生的个性差异执行差异化处理。

只有孜孜不倦追求的人才具有高尚的情操，并能获取艺术的真谛，登上教育光辉的巅峰。艺术是通过塑造形象具体地反映社会生活，表现作者的思想感情的一种社会意识形态，具有认识作用、教育作用和审美作用。好的艺术品可以净化心灵、陶冶性情，唤起人们心中崇高美好的思想感情，增强人们内心的道德信念。班主任在组织各种活动的过程中必须要有创造性、有魅力，这样才能拨动学生的心弦。这种情感的陶冶不仅能够增强学生内心的道德观念，而且可以使师生产生感情上的共鸣，从而缩短彼此的距离。列夫·托尔斯泰说："在自己心里唤起自身感受过的一种情感。然后运用动作，线条颜色或语言表达的形式，把情感传递出来，以使旁人可以感受到那种情感——这就是艺术的活动。"显而易见，班主任工作也必须是讲究艺术的活动。

放手而不撒手

有人说，一个聪明的班主任要勇于放权，善于授权。那是不是说，授权后班主任就可以不管不问了呢？当然不是这样的。

有这么一个历史故事：

鲁国有一个人叫阳虎，他经常说："君主如果圣明，当臣子的就会尽心效忠，不敢有二心；君主若是昏庸，臣子就敷衍应酬，甚至心怀鬼胎，表面上虚与委蛇，而暗中欺君谋私。"阳虎这番话触怒了鲁王，阳虎也因此被驱逐出境。他跑到齐国，齐王对他不感兴趣；他又逃到赵国，赵王十分赏识他的才能，拜他为相。近臣向赵王劝谏说："听说阳虎私心颇重，怎能用这种人处理朝政？"赵王答曰："阳虎或许会寻机谋私，但我会小心监视，防止他这样做。只要我拥有足以打消臣子篡权念头的力量。他岂能得遂所愿？"赵王在一定程度上控制着阳虎，使他不敢有所逾越；阳虎则在相位上施展自己的抱负和才能，终使赵国威震四方，称霸于诸侯。

这个故事启示我们，授权后班主任还要控制。

班主任在授权的同时，必须进行有效的指导和控制。因为中小学生，尤其是中学生，正处于身心发展时期，情绪大起大落，经常180度大转弯，表现出不稳定性，这是中学生情绪的特点。班主任在授权给学生的同时也要注意学生的情绪特点，授权后还要进行必要的指导和控制，力求不影响到班级的整体建设。

班级管理工作的对象是正处在成长中的学生。在班级管理工作中，班主任要"管"的方面很多。在小学，班主任管的事情小到学生的坐立行走，大到学生的思想动态、情绪波动、班级文化建设、班风建设等，班主任是班级管理的主要参与者。但是，有的班主任在班级管理中喜欢唱独角戏，对学生管得很严，早晚跟班，事必躬亲，大事小事都要管，一刻也不让学生离开自己的视线，他们在背后不是被学生叫做"保姆"和"管家婆"，就是叫作"警察"。这种管理风格，一方面造成学生依赖性强，创造性和独立性差，缺乏自我教育与自我管理能力，班主任在时和班主任不在时完全两个样；另一方面，班主任常常围着学生转，把自己弄得疲惫不堪，陷入没完没了的琐碎杂事之中，根本无暇在提高自身的教学工作水平上下工夫，不利于班主任自身的完善和发展。

　　"教是为了不教"，"管是为了不管"；从根本上说，就是班主任要充分发挥学生在班级管理中的主体作用，做到"管放结合"。

　　具体而言，班主任不仅仅要参与班级管理，还要让学生也参与到班级管理中来，充分发挥学生的主体性和主动性，班主任做好"总指挥"即可。班主任管的方面主要包括：为班级制定长期的目标，形成和把握班级工作的整体思路；培养一支得力的学生干部队伍，并对他们加以指导、监督；做好全体学生的思想教育工作，致力于增强班集体的凝聚力；协调多方面关系。

　　在做好以上工作的同时，班主任要大胆放手，把一些具体事务让学生自己做。学生能做到的，班主任就没有必要亲历亲为了，如组织班队活动等。班主任要充分信任学生的能力，相信他们能够胜任这些具体事务的管理工作。

　　要学生参与管理，并不意味着班主任可以对学生负责的事务不管不问、听之任之、放任自流；在必要的时候，班主任要给予适当的引导和帮助。学生自我教育、自我管理能力不是一蹴而就的，而是在实践中逐步锻炼和培养出来的。班主任在班级管理工作中管大放小、管主放次，授权担责、分层管理，既有利于班级的建设与发展，又有利于学生个性的完善和能力的提高。

什么样的学生可以当干部

　　素质是指一个人的基本品质。作为学生干部应该具备何种素质呢？这是每一个班主任都非常关心的问题。一般认为，一个称职而优秀的学生干部应该具备以下基本素质：

一、政治素质

政治素质是指生活在社会中的每个人进行社会活动所必需的内在基本条件和基本品质。这也是班干部的根本素质。因为，它决定着班干部工作的大方向。班干部一定要立场坚定、是非分明。政治素质主要包括：世界观、人生观、价值观等。

1. 树立科学的世界观

世界观是指人们对整个世界总的、最根本的观点和看法，是人们认识、改造世界，观察、处理问题的前提和依据。中小学阶段正是学生处在人生观的探索、选择和定向阶段。因此，班干部在学校期间用何种理论作为自己的指导思想，对于人生观的形成起着重大的作用。只有掌握了科学的世界观，才能在探索、选择和定向过程中不迷失方向。马克思主义的辩证唯物主义和历史唯物主义为人们提供了科学的世界观。班干部必须树立马克思主义的科学世界观。马克思主义是对自然界和社会发展规律的最科学的概括和总结。班干部只有掌握和运用马克思主义世界观，才能认清社会发展的客观规律，自觉顺应历史潮流，学会从正反两方面看问题，用联系的、发展的、全面的眼光看问题、做事情。正确处理好诸如工作与学习、个人与集体之间的关系，带领同学们积极进取、全面发展。

2. 树立正确的人生观

人生观是人们对人生目的、意义的根本看法和态度。人生观是世界观的一部分。中小学期间，学生对新事物特别敏感，对新的理论观点容易接受，很可能同时受到几种人生观的影响。例如：有的同学受享乐主义人生观影响，追求高消费，吃、穿、用都必须是名牌，都必须上档次、够品味；受拜金主义人生观影响，迷恋"金钱第一"，成才意识淡化，糊涂地认为只要家中有钱，就可以买到一切东西；受实用主义人生观影响，追求"分不在高，及格就行；学不在深，作弊则灵"；还有部分中小学生以自我为中心，认为我就是小皇帝、小太阳，大家应该为我服务；等等。这些都是错误的人生观。

班干部应树立正确的人生观，把"我为人人，人人为我"作为人生观的基本原则，把奉献、创造和奋斗立为终生追求的目标，树立全心全意为同学服务的思想，确立无私奉献的精神，并以自己的模范行为推动工作开展，还要学好科学文化知识，率先垂范，带领同学努力学习，全面发展。

3. 树立正确的价值观

人生价值观，就是人们对人生目的和实践活动认识和评价所持的基本观点或观念。正确的人生价值标准，应当看一个人在其人生目的、人生理想指导下的行为活动的意义和行为活动的结果，班干部必须树立马克思主义人生价值观，把全心全意为人民服务作为评价人生价值的基本标准，努力在工作学习中实现自己的价值。

二、道德素质

道德是体现一定社会或阶段的道德原则和规范，并具有稳定性和一贯性倾向的个人道德意识和道德行为总体的根本属性。道德素质是一个综合的范畴，道德素质的内容主要包括社会公德、职业道德和家庭道德。对于中小学生来说，具体要做到：

1. 社会公德

社会公德是反映社会共同利益的社会公共生活准则，是人类社会公共生活中形成的最基本的道德规范体系。社会生活中涉及的公共利益、公共秩序等方面的行为准则，都属于社会公德的范畴。社会公德素质大体包括三个方面内容：日常生活中处理人与人关系的素质；公共场所处理人与人关系的素质；保护环境资源方面的素质。班干部必须做到与同学、与亲友、与他人之间相互尊重，协作互助、助人为乐，维护公共秩序、公共设施、公共卫生和公共安全，保护环境，保护野生动植物，遵纪守法，敢于同歪风邪气作斗争。

2. 职业道德

职业道德是从事某一职业的人应遵循的与其职业活动相适应的行为规范。各行各业都有相应的职业道德规范，职业道德规定从事某一职业的人们应当具备的思想、态度、作风和行为，以及待人接物，处理问题，完成工作，为社会尽职尽责。班干部应该热爱本职岗位，尽到班干部职责，诚实守信、办事公道、服务同学、奉献社会。

3. 家庭道德

家庭道德是调整家庭成员之间关系的原则和规范。对于班干部来说，家庭关系中，主要是与父母之间的关系和与兄弟姐妹间的关系。我国历来拥有重视家庭伦理道德的优良传统，尊老爱幼，包括尊敬其他长辈。良好的家庭美德是每个学生的必备素质，也是对每个班干部的基本要求。

三、心理素质

心理素质指人的心理发展水平及心理对社会生活适应能力的综合品质。心理素质健全的主要标志是心理健康。心理健康与身体健康具有密切关系。世界卫生组织对健康的定义为"健康，不但是没有身体缺陷和疾病，还要有完整的生理、心理状态和社会适应能力。"健全的心理素质是一个人健康的身体素质、道德素质、能力素质的基础。没有良好的心理素质，就不可能具备较好的道德素质与能力素质。班干部必须具备良好的心理素质。健康的心理主要包括以下四个方面。

1. 正常的认识能力

认识是指人对事物认识与理解的心路历程，包括知觉、记忆、思维、想像、学习等心理现象。班干部应具有正常的认识能力，即要求具备敏锐的感知能力、较强的记忆力、良好的思维力、丰富的想像力、清晰的表达能力和较强的理解能力，这些能力表现在班干部的学习和工作中，通常具有较好的方法和效果。

2. 健康的情绪

情绪是人对客观事物的态度体验，是人的心理活动的核心。良好的情绪有利于人的躯体保持健康，而不良情绪则使人心理活动失衡。健康的情绪主要指：第一，积极情绪占优势。班干部应保持乐观的情绪，这样既可使人充满活力，也可以消除学习、工作带来的疲劳和不适应。第二，要合理调节情绪。班干部遇到工作不顺心时会情绪低落，如果不进行合理调节，就会对学业成绩和工作效率造成影响。第三，情绪要保持稳定。在一定时期没有特殊刺激的情况下，班干部的情绪应相对稳定。如果无缘无故情绪波动，喜怒无常，显然是情绪不健康的表现。

3. 坚强的意志

意志是推动人们采取各种行动克服困难，达到预定目标的心理过程。意志坚强者具有较强的自觉性、果断性、顽强性和自制力，能够在实现目标的过程中机智灵活地克服困难和坦然地面对挫折；而意志薄弱者缺乏主动性、优柔寡断，害怕困难和挫折。班干部必须具备坚强的意志，在学习、工作和生活中能主动制定目标，才能百折不挠地克服困难、取得成功。

4. 良好的人际关系

班干部要能够正确地认识自己与老师、同学之间的关系，不以自我为中心，不自私自利，心中有他人，能和周围的人和谐相处，并能采取积极主动的态度与他人交往，与人为善；有一定的独立性，自主性，不依赖别人，不屈从别人，不嫉妒别人，不同执己见。如果班干部对人际关系适应不良将会影响工作、学习和生活，影响心理健康，甚至导致各种各样的心理障碍，从而影响甚至阻碍才能的发挥和社会价值的体现。

此外，班干部的心理素质还包括健康的个性、健全的人格及较强的心理承受能力等。只有将上述各方面因素有机地结合起来，才能构成健全、健康的心理。无论哪一方面的因素丧失,都会危及心理健康,导致心理障碍。

四、一定的组织能力

组织能力是指为了有效地实现自己的各项计划目标、灵活地运用各种方法,把活动的各个部分、各个环节,从纵横交错的相互关系上,从时间和空间的相互关系上,有效地、合理地组织起来的能力。学会组织就是要求班干部要学会组织各种丰富活动,在活动中培养和锻炼自己的组织能力。对于班干部而言,组织水平对其生活、学习和工作都是十分重要的。班干部作为沟通班内同学、班主任、任课老师、学校的纽带和桥梁,又是班集体的领导核心,就要随时准备接受学校和老师们交给的任务,就得随时准备筹划组织班内活动,因此,拥有组织能力对于班干部来说,简直是太重要了。而且,学会组织有利于提高班干部自身的素质。如果班干部具有很强的组织能力,并能在活动中得到充分发挥,就能使自己的生活、学习、工作有序高效地进行。

组织能力不是一天、两天就能提高的,它需要班干部在日常的生活、学习、工作中去日积月累。当然,究竟什么样的学生可以当班干部,这本身就是个见仁见智的问题,需要班主任在实际工作中慢慢探索。还是那句话:世上没有绝对的东西,具体问题要具体分析。

选拔干部要遵循必要的原则

一个班级是不是具有凝聚力,首先要看这个班级有没有一支过硬的班干部队伍。少年儿童不是天生的"干部材料"，所有的"好干部"都是班主任心交心、手把手教出来的，都是班主任大胆放手让他们在实践中磨炼出来的。班干部的素质和能力不仅关乎现在班级的走向，还关乎他们自己将来人生的走向。研究表明，世界上大多数卓有成就的政治家和企事业单位领导人，在他们的学生时代都担任过班干部。从这个意义上说，是他们当年的班主任和老师培养了他们。那么，班主任应该选用哪些人担任班干部呢？

班干部选拔培养要遵循如下两个原则。

（1）选拔任命班干部要遵循公平竞争、民主选举原则。班主任要相信，每个学生都具备担任班干部的潜质，应该给每个同学创造机会。在刚刚接手一个新班级的时候，班主任不要忙于任命班干部，可以采取每人担任一天班长、每人担任一天学习委员、每人担任一天劳动委员的办法，一个星期让全班同学评议一次。等到人人轮过一次，班干部的人选自然就会水落石出，这时候通过班主任和全班同学的民主选举就可以选拔出称职的班干部。

（2）培养班干部要遵循指导性与实践性相结合、示范性与训练性相结合、实用性与合理性相结合、民主性与制度性相结合的原则。所谓指导性，就是班主任要对民主选拔出来的班干部进行思想品德、工作方法等方面的适时指导；所谓实践性，就是班主任要放手让班干部在班级管理中各司其职，让他们在各自的岗上大胆实践，做好本职工作。班干部应该有自己的管理思想和管理方法，这些思想和方法来源于丰富的实践。所谓示范性，就是班主任可以通过自己的管理行为给班干部的管理提供范例和标准，先让班干部"照葫芦画瓢"，在此基础上思考创新；所谓训练性，就是班主任可以发动学生设置情境，以主题班会和课外小组活动的方式对班干部进行培训。如以下例子：

在一次地理课上，某班学生小陈因为不服从批评与老师发生争吵，导致上课时间浪费了20分钟。事后地理老师想找小陈谈话被小陈拒绝，地理老师不得不叫来小陈的家长，可是小陈是个犟脾气，对地理老师顶撞得更凶，家长和地理老师都很尴尬。班主任了解到，小陈顶撞地理老师是因为地理作业没交，在全班面前被点了名，并感到自己受到了地理老师的挖苦，觉得地理老师伤了他的自尊心。当时班干部中有人劝小陈不要跟地理老师吵，但小陈不听，直到有人大喊一声："不要吵啦，我们还要上课呢！"小陈才停止了与地理老师的争论。

班主任认为，在学生与老师闹情绪的时候，同学的劝说比老师的压制更有效，班干部在协调师生关系方面比老师更能干。因此，班主任决定近期召集所有的班干部开会，讨论班干部怎样协调师生关系的问题。他首先设置了一个情境：如果你在公共汽车上因为没有看到身边的老人而没及时让座，受到了几个老人的挖苦，你是与这几位老人吵架呢，还是立即站起让座？最好的选择是什么？然后让班干部据此发挥想像，编一个小品在班会上表演，班干部表演的小品很成功。事后，班主任又让班长通知几个同学找小陈和地理老师作了一次沟通，师生关系得到了很大的改善，班级里以后再也没有发生师生争吵事件。

所谓实用性，就是班主任提供给班干部的方法和示范是容易操作的，操作起来是有效的；所谓合理性，就是班主任提供给班干部的方法和示范必须是合理的、科学的。有些方法是实用的，但绝不是合理的。比如，让班干部暗中找人记下违纪学生的名字，然后由班主任对他们进行处罚，再张榜公布，把违纪学生打上"耻辱柱"。这种方法固然有威慑作用，对管理班级能够起到立竿见影的效果，但是它绝对是不符合学生身心健康发展规律的，可能会产生非常严重的后果，因而是不合理的，应当摒弃。

所谓民主性，就是班主任应该要求班干部接受同学的民主监督，每个月在班里进行一次同学对班干部的民主测评；所谓制度性，就是班主任应该发动学生给班干部制定规章制度，让班干部明确自身职责，提高为班级服务的意识和能力。

中小学班主任承担着建设共青团支部和少先队中队工作。团队建设是建构和谐班集体的重要内容。中国共青团是中国青年的先锋队，是中国共产党的得力助手和后备军，在中国民主革命和社会主义建设中发挥了和发挥着重要作用，共青团员曾经以热血和生命谱写了一曲曲催人奋进的战歌。怎样将中国共青团的光荣传统与当代青少年生活实践和中国目前转型期社会特点结合起来，建设新时代的中国共青团？怎样在班集体中发挥共青团的先进作用？这是每一个班主任需要思考的问题。事实证明，只有那些充分发挥共青团、少先队先进作用的班集体，才可能成为真正的和谐班集体。

少先队作为小学和中学低年级阶段的少年先锋队组织。在建构和谐班集体中同样处于重要的地位。班主任应该重视班级团队建设，使共青团员和少先队员在集体中充分发挥先锋队作用。班级团队建设主要包含两大任务：①打造组织先进性，倡导、督促共青团员、少先队员履行团章、队章，将共产主义远大理想落实在日常的为班级服务、为建构和谐班集体出力流汗的实际行动；②按照章程要求，培养、发展新团员、新队员。

机会面前，人人平等

前面曾经论及到，班干部应该具备一定的基本素质和能力，那是否意味着只有"好学生"才能当干部呢？

14

我们先看下面这个案例：

班级里有个叫策的小男孩，长相清秀，文静而胆小。虽然他听话懂事纪律好，但他的头脑不算聪明，成绩也一般。在我眼里是一颗并不闪烁的"小星星"，于是我这颗"太阳"并没有给这颗"星星"过多的光和热。

我最近发现他下课时老爱围在我的身边，反复地问："老师，今天你选谁当值日生？老师，今天谁留下值日？老师，今天的作业本谁来发？……"问的次数多了，我就开始烦，正想训斥他多嘴多舌，却突然发现他的目光是那样可怜，里面有胆怯、有期待、有害羞、更有一丝希望被重视的乞求……我的心一下子软了，是啊，并不闪烁的"小星星"也有它明亮的眸子，它也要发光装扮夜空。这一刻，在他的目光中我读懂了他的上进，他的渴求。我再也不能做一个苛刻的老师，我要给他一个机会，让他展示自己，同时让他树立自信，提高学习成绩。

于是，放学前，我在全班学生面前说："策同学一贯遵守纪律，热爱劳动，特别是很有集体荣誉感，在这一方面是我们全体同学的好榜样。为了鼓励他，老师决定给他一个机会，选他做明天的值日班长，希望策能更好地为大家服务，同时也希望他加强学习，成为最出色的学生。"我的话音刚落，只见策惊奇的脸上马上绽出灿烂的笑容，这笑容表明了他憋足了劲要好好干一场。

果然，第二天，他早早到校，井井有条地安排班级工作。一上午班级秩序井然。中午时，正值学校食堂吃包子，每到这时候，班级里又要分菜，又要分汤，又要发包子。几十名同学团团围在一起，他碰掉了你的包子，你弄洒了他的汤，他的菜又没发到……班级里总是乱成一团，想起这些我就心烦。这时值日班长策来到我面前，负责地说："老师，这样太乱了，我们想个办法吧！"说得轻巧，可老师就我一个，总不能让我身兼三职分饭吧，于是我问："怎么办，你出个好主

15

意吧!"没想到策却一本正经地说:"让大家站到走廊里,拿着饭盒站好排,讲台上依次放好要分的东西,大家按顺序走进来,一个一个取,老师你只要站到走廊里稍稍看一下纪律就行了。"于是,在他的协助下,我们真的有序地发放了中午饭,没想到一个老大难的问题在他的任期内竟迎刃而解了。看着教室里同学们秩序井然地用餐,我别提有多高兴了,而这一切竟是我眼中的那颗并不闪烁的"小星星"带来的。晚上放学前,我在总结一天的工作时特别地对今天值日班长策提出了表扬,我告诉大家,平日里不爱言语的策其实有一颗热情的心,无私地为大家服务;他有一颗聪明的头脑,用自己的智慧想出办法解决了班级的分饭问题。同学们也对策的表现报以热烈的掌声。这一刻,我又从策的眼睛里读出喜悦、读出自信。从那以后,策的言语多了,学习劲头足了,成绩也提高了。

哲学家詹姆士精辟地指出:"人类本质中最殷切的要求是渴望被肯定。"热情、向上的小学生更是如此。教师的赞美是阳光、空气和水,是学生成长不可缺少的养料;教师的赞美是一座桥,能沟通教师与学生的心灵之河;教师的赞美是一种无形的催化剂,能增强学生的自尊、自信、自强;教师的赞美也是实现以人为本理念的有效途径之一。老师都有这样一种感觉,班级里总有几个学生既不惹事生非,又不勤奋上进,虽然学业平平,却也不名落孙山。一般情况下,这样默默无闻的学生既得不到老师的表扬,也得不到老师的批评,当然也当不了干部,是一些容易被老师忽视和遗忘的学生。本案例中的策同学就是这样一颗容易被人遗忘的但内心却涌动着火一样激情的"小星星"。从文中老师的介绍可以看出,策同学没什么特色,一般不会引起老师的注意,但细心的班主任还是读懂了他的眼神,给了他一次做班干部的机会,充分的信任他。结果他还给了老师一份惊喜。接着老师抓住时机及时对策同学闪光的地方给予表扬,使策同学的潜力得以激发,获得学业上的进步。案例中的教师很巧妙地抓住教育契机赞美学生，使学生渴求肯定的心理得以满足并获得了更大的进步。

教育的全部责任就在于启迪智慧、完善灵魂；放弃这种责任，则会造成教育的不公平、不作为现象。反过来，倘若我们选择整改，选择公平、平等地对待所有学生，工作上也许会平添许多麻烦，但这些学生会在被关爱、被信任和尊重的氛围下，发挥他们身上的求真、向善、爱美的闪光点，逐步走向成熟，走向成功。

在育人的工作中，教师应注重以人为本，面向全体，细心观察，捕捉学生身上的每一个闪光点，及时把赞美送给每一个学生，使之发扬光大，使每个学生都感到"我能行""我会成功"。实践告诉我们，教师一句激励的话语，一个赞美的眼神，一个鼓励的手势，往往能带来意想不到的收获。教师对学生小小的成功、点滴的优点给予赞美，可以强化其获得成功的情绪体验，满足其成就感，进而激发学习动力，培养自信心，促进良好心理品质的形成和发展，有助于建立和谐的师生关系，营造一个奋发向上的班集体氛围。只要教师以人为本，多一分尊重，多一分宽容，多一分理解，善待每一位学生，相信每一位学生都会在教育的蓝天下健康成长。

培育班集体的骨干

班集体不仅是教育的对象，而且能产生教育的巨大力量。它能通过纪律与舆论来培养其成员的品德，能紧密地配合班主任开展工作。班集体也是促进学生个性发展的一个重要因素。

在集体活动中，每个学生通过自己的经历和感受，都会积累集体生活的经验，找到适合自己的活动、工作和角色，不断发展自己特有的志趣与爱好，从而锻炼和提高自己的自我教育能力。

班级环境的优劣对学生的成长、发展起着非常重要的作用，良好的班级环境能激发学生的主动性，培养学生的创新能力，使学生在积极向上的氛围中快速并健康成长。

培养班集体必须注意健全集体的组织与功能，使它能正常开展工作，发挥应有的作用。这里，关键就是要做好班级骨干的选拔与培养工作。

班级骨干是班集体的中坚力量和支柱，是集体的代表，是学生中的积极分子。在班集体建设中，班主任起着主导作用，但归根结底是外因，要想把班集体建设好，更主要的是靠班集体内在的力量。内在力量的发挥程度又取决于骨干作用的发挥程度，即中坚和支柱力量的程度。班干部是班集体建设的组织者，班集体建设必须要在班主任指导下，通过学生干部的组织工作得以实施。班干部的模范带头作用会感染其他同学，会成为同学们的榜样，会无声地呼唤伙伴们去模仿。班干部是把学校教育变成学生行为的桥梁。

在班集体建设中，健康舆论的形成仅靠教师的说教是难以奏效的。干部是同学们的同龄伙伴，他们最容易心灵相通，以干部为核心的集体教育效能要大于教师个别教育之和。一般地说，干部集体的影响会成为班集体正确舆论的导向，对培养学生集体观念和养成良好习惯起到了不可估量的作用。班干部毕竟不是教师，他们的特殊身份，使得他们在做学生的思想工作时，容易被学生接受，在某些时候，比教师工作的效果还要好。

由此可见，班级骨干在班级的日常管理中起着举足轻重的作用，那么，如何选拔培育班集体骨干呢？

在选拔骨干时，教师应先通过多种渠道了解学生，发现更多的积极分子，从中把品学兼优、在学生中有威信、有一定能力的学生挑选到班委会中，再根据每个小干部的特点分配给他们适当的工作，让他们互相协作。

请看下面这个案例：

章生和刘生都是初中一年级的学生，同班同学。两个人都很聪明，学习成绩优异，在同学中有一定的威信，但是他们俩都很傲气，无视纪律，不服管教。怎样发挥他们的特长，帮助他们改掉缺点呢？

章生自幼倔强，自尊心强，不能受一点委屈，做错了事也不肯当面承认，常与老师顶撞，搅得课也上不成。但他接受能力强，记忆力好，成绩优秀。新学期开始了，他突然要求退学。经了解，他父亲得了重病，完全丧失了劳动能力。母亲做点小生意，勉强维持全家人的生活，连学费都交不起。十五岁的章生懂得父母的苦衷，便产生退学去赚钱的念头。班主任李老师就从解决他的生活困难入手，关心他。他交不起学费，又不愿申请免费，老师便主动要求学校发给他助学金，并免去他的学费。对此，他采取了拒绝的态度。李老师便把他找来，亲切地对他说："我们生活在一个大家庭里，大家应该互相帮助，困难是暂时的，不要因此耽误了学业。"他听了，刚想要解释，老师又说："这事就这么定了，你要是不同意，难道你还有更好的办法吗？不要辜负了学校领导和老师们的心意啊！谁也不忍心看见一个孩子掉队！"一句话说得他心里热乎乎的。

接下来，老师为了给他跑助学金一事，忙了好几天，累得嗓子都哑了。针对他的思想问题，老师又拿来了《钢铁是怎样炼成的》一书，启发他思考、感悟：保尔最终成长为一名坚定的布尔什维克战士，靠的是什么信念？他身上有哪些可贵的品质？李老师引导他确定自己的目标，积极上进。这样，他从心里感谢老师，老师讲的话也听得进去了。同学们利用休息时间自发的去他家帮助做家务，使他深受感动。不久，他就主动要求担任班级的学习委员，主动和几个学习能力差的学生结成了队，帮助他们提高成绩。很快，凭他的工作能力和号召力，班级工作搞得有声有色，他也在学习生活中重塑自己，找准了自己的位置。

刘生有音乐天赋，吹、拉、弹、唱都很有功底，刚开学不久，在学校举行的文艺汇演中，他的二胡独奏就一举夺魁，令人佩服。同学们一致推举他为班级的音乐科代表、校学生会文艺委员。但他有时骄傲自大，瞧不起人，不愿受纪律约束，在同学中没有起到带头作用，在集体活动中，稍不如意便撂挑子不干，搞得老师同学十分被动。班主任几次想把他这个科代表的职务拿掉，但教音乐的小张老师却有他自己独特的看法和做法。一天，在音乐课上，老师教同学们学唱《二月里来》这首歌，他很快就掌握了演唱要领，唱得声情并茂，博得了师生的热烈掌声。为此，他洋洋自得。见此情景，小张老师不动声色，在钢琴的伴奏下，也演唱了这首歌，她优美的歌声，真挚的感情，深深地打动了同学们，大家报以更热烈的掌声，刘生也情不自禁地鼓起掌来。从此，他多次接近小张老师，老师看出了他的心思，不予理睬，他变得谨慎起来。一次，文艺汇演彩排，由于他缺席，老师批评了他，他就闹情绪不来演出。当时，小张老师毅然决定换人。最后，演出获得了成功。通过这件事，刘生发现没有他也无碍大局，自己没有左右一切的能耐。小张老师又再三地帮助他提高认识：个人只是集体中的一分子，就像大海中的一滴水，只有融入大海的怀抱才有生机，才有活力。见他有点不以为然，小张老师又严厉地告诉他："你必须摆正自己的位置，调整好自己的心态，如果认识不好，集体的文艺排演活动就不让你参加。"这对一个爱好文艺的孩子来说是一件多么痛苦的事情啊。教师又争取家长的配合，对他严格要求。通过这件事，他看到了自己的不足，流下了悔恨的泪。很快，他就名副其实地成为了学校和班级的文艺骨干，进步明显。

两位老师采取不同的方法，成功地把两个学生培育成班级集体的骨干，正是贯彻了因材施教的原则，根据不同学生的个性差异进行不同的教育，使每个学生的品德和能力都得到最好的发展。从两位教师的成功案例中可以挖掘其成功之处：

（1）尊重学生的个性差异，深入了解学生的个性特点和内心世界，有的放矢地进行教育。章生家境贫困、爱面子、自尊心极强，有困难不愿意跟老师和同学说，而是选择逃避。如果李老师单从他扰乱课堂纪律出发，对他指责，而不是从爱和关心的角度来帮助他，使他感受到集体的温暖，那么他很可能就会最终离开集体。而刘生生活在表扬与溺爱中，养成了骄傲、自私的性格，老师如果一味迁就、顺着，其后果必是不堪设想。对他严格要求，正是从他的性格、心理出发，发现苗头就应该及时进行教育，使他正确认识自我和他人，认识到自己的优点和不足，从而克服自负态度，获得更大的进步。

（2）从欣赏和发展的观点出发，促进学生个人的全面发展。分析每个学生的优缺点，帮助他们扬长避短，促进其全面发展。对于自尊心极强的章生，教师应从爱和关心入手，对于自负的刘生，教师从严格要求入手，"一把钥匙开一把锁"，这样才能打开学生的心扉，倾听学生的心声，使教育最大限度地发挥作用。

（3）教师注重示范性，以使学生产生敬佩之情。老师肩负着培育青少年学生的重任，他们得到学生的充分信赖，对学生起着示范作用，因此就更应该在言行、举止、仪态、作风、为人处事等方面起到示范作用，以引导学生向上向善。就像案例中的音乐老师，她充分利用学生喜爱音乐这一特点，发挥自身优势，对学生进行教育，使刘生从不服气到佩服，教育效果自然也就水到渠成。

总之，培育好班集体的骨干，对班级管理工作大有裨益，班主任要予以高度重视。

班主任临时指定制

班主任临时指定制是一种应急的班干部选拔方式。

新生班级组成之后，在许多班务工作中比较迫切的事情，就是组建一个班委会。班委会在班级事务中的作用是很重要的。因此，学校必须做好班干部的选拔工作。一般各学校都采取由各班班主任"指定"制。

如在中学一年级的班内，由于新生来自各所学校，彼此还互不了解，而班级里又需要有专人负责班里日常事务。同时，当班级出现问题时，需要有专人与班主任取得联系。所以，选拔一年级的班干部应采用指定的办法，即由班主任临时指定一名或几名学生担任班干部，以使班级工作能正常开展。

在指定班干部时，班主任必须做好准备工作。首先，在新生报到至开学前这段时间，班主任要设法了解学生的有关情况。一是查阅入学登记表和学生档案等各种书面资料，了解学生在以前所在学校里的表现，从中挑出以前担任过班干部和有较强活动能力、在某些方面有特长的学生的资料加以仔细研究。二是走访新生原来的学校，积极听取该学校老师和同学的意见和评议。三是组织好新生第一次集体见面会，注意观察他们在集体中的表现，如哪些人善于交谈、哪些人乐于助人、哪些人活泼好动、哪些人比较安静等。四要做好第一次家访，并做好对新生家访后的记录工作。其次，在开学最初几天里，班主任要注意观察新生之间关系的发展情况，注意听取新生反映的对新同学的意见和建议。发现好人好事要及时地予以表扬；根据学生对于开学初学校和班级组织的劳动的态度，对于热爱劳动的学生要及时给予表扬，对于劳动态度不端正的学生要给予适当的引导。在决定班干部之前，班主任还可以做个简单的人际关系调查，让每个学生列出自己喜欢共事的五个同学的名单，最后班主任汇总，找出人际关系较好的几名学生，并结合以前了解的情况进行决定。

班主任根据以上做的工作，指定有一定号召力、组织能力和语言表达能力的学生担任临时班干部，一般指定两名，分别为男生和女生。指定的工作要在全体学生都参加的班会上进行。班主任在班会的其他议程都完成以后宣布："由于班级成立不久，同学之间还不十分了解，所以暂时让甲同学和乙同学担任我们班的临时班干部，希望大家支持他们的工作，有事情找他们商量。等同学们相互了解以后，我们再通过选举产生班干部。现在，甲同学和乙同学站起来让大家认识一下。"

班主任要知道，指定只是一种临时措施，但一定要慎重，对指定对象一定要有初步的了解，指定人数不能太多，一般指定一至两名学生临时负责班级工作就可以了，不能把所有班干部成员都定下来。

班主任一人指定制

班主任一人指定制是一种传统的班干部选拔任用方式。

这种选拔任用方式的最大特征是：班主任一人说了算。其操作过程比较简单，即班主任根据自己的判断来确定有关学生及其应担任的职务。以初中一年级为例，班主任根据新生入学登记表中所填学生小学时担任的职务及特长，再加上对他们入学报到时及其后的印象，确定有关职务的人选，开学后予以公布。

与这种指定班干部的方式相对应的班干部罢免，也是班主任自己说了算。当某个班干部明显不称职或严重失职时，班主任即宣布将其罢免，并任命新的继任者。

许多班主任对这种办法比较熟悉。总的感觉是班主任权力很大，工作想怎么做就怎么做，可是犯错误也多。学生多数很顺从，老师说什么就听什么，很少主动提出班级建设的"建设性意见"。因为，指定式选用和罢免班干部，使班干部所做的一切更倾向于对班主任负责，而漠视来自广大同学的意见、建议和批评。这样产生的班干部虽然可以保证班主任"政令畅通"，管理好班级，但容易造成班干部只看班主任脸色行事，形成惟上是从的人格缺陷。这种选用和罢免方式本身则容易使班主任和班干部成为"利益共同体"，造成班主任、班干部一方跟学生一方的隔阂。从培养学生自主创新性格的角度看，收获甚微。

班干部民主选举制

民主选举班干部，既有利于充实和完善班干部队伍，又有利于培养学生的民主思想、主体意识，调动全班学生参加班级活动的积极性。因为班干部是通过学生民主选举产生的，所以能得到学生的信赖和支持，这有利于他们创造性地开展班级活动，也有利于增强班集体的凝聚力。

一、选举的原则

根据学校的有关规定，在班干部选举工作中，必须遵循以下原则。

1. 按期进行选举的原则

由全体同学选举产生的班干部，每届任期一年或半年，具体情况视学校、班级的不同而不同。班干部任期届满应及时进行换届选举，一般情况下不得提前或推迟。如果因特殊原因需要提前或延期进行换届选举，应报班主任批准。

2. 按同学的意志进行选举的原则

班内每一位同学都享有表决权、选举权和被选举权。选举要充分尊重和保障每一个同学享有的民主权利，充分体现选举人的意志。作为选举人，同学有了解候选人情况，要求改变候选人，不选举某个候选人和另选他人的权利。学校和教师不得以任何方式强迫选举人或不选举任何人。

3. 按规定程序进行选举的原则

选举必须按学校或班内有关规定的程序实施，选举前要充分做好准备，不得仓促进行。候选人名单要由同学充分讨论，并根据多数同学的意见来确定，防止由少数人说了算。选举应按照规定的程序进行，不得随意删减。

4. 按选举纪律进行选举的原则

所有班内同学必须遵守选举纪律。学生必须参加选举的全部活动，有特殊情况者除外。在选举中，绝不允许拉帮结派，不得私下做"工作"、拉选票。绝不允许有追查选票、虚报票数及打击报复等做法。对于违犯选举纪律、破坏选举活动的人，必须按其情节轻重给予严肃的批评教育乃至班纪校纪处分，确保选举工作的正常进行。

二、选举的准备

班干部选举是班级活动的一件大事。只有做好充分的准备，才能保证选举的质量。

1. 进行选举教育

要组织同学学习有关选举工作的规定和要求，讲明选举的意义和做法，强调选举纪律和规程。教育同学正确行使民主权利，积极参与选举活动。

2. 征求同学的意见

班主任或前任班干部在选举前要向班内同学讲明本次选举的依据、准备情况和确切时间，为了公平公正起见，候选人名单也应当征求同学的意见。

3. 酝酿和确定候选人

候选人必须由班内同学充分讨论，其形式可以先由班主任或前任班委会研究提名，交由同学进行讨论；也可以先由每位同学提名，班主任或前任班委会集中各同学的意见，经过认真考虑后提出。候选人名单不能由班主任或前任班委会擅自决定，在考虑和确定班干部候选人时，应充分考虑工作需要、工作能力和政治思想表现。上届班委会成员不应成为当然的候选人。必要时可通过预选来确定候选人。候选人数应超过应选人数的20%以上。

4. 设计和制作选票

选票应为同一纸型，同一颜色，不得编号和作标记。候选人名单应按姓氏笔画为序排列；如果候选人是经过预选产生的，也可以按预选中得票多少为序排列。选票可以是空白纸，但必须将候选人名单写到黑板上或大纸上。有条件的可以将候选人名单抄（印）到选票上，但应留出一定的空格，供选举人另选候选人之外的人员时填写。

5. 会场布置及票箱设置

选举会场布置要庄重，有条件的还可悬挂红布会标，在黑板上写明"××班班干部选举大会"大字，会场要设置规格适当的票箱，将票箱放在醒目的地方。

三、选举的程序

班干部选举工作，应按规定的程序组织实施，以保证选举的规范性和有效性。其一般程序为：

1. 宣布开会

由选举主持人（一般由班主任担任）讲明参加选举的同学人数。说明本届班委会成员总人数，本班学生应到多少人，实到多少人。参加选举的同学人数超过本班学生总人数的五分之四以上，即为达到法定人数，可宣布进行选举。否则，选举必须改期。

2. 宣布选举办法

由选举主持人介绍学校和本班关于选举问题的规定，说明本次选举采取的方式方法（是经过差额预选然后再进行正式选举，还是直接进行差额选举），讲明要注意的事项，等等。

3. 通过候选人名单

可由主持人逐个介绍候选人的基本情况、思想政治表现和历年来受到的班内外的奖惩情况等，也可由候选人进行自我介绍。候选人应如实回答选举人所提出的有关问题。最后，对候选人逐个表决通过。

4. 推选监票人、计票人

通常推选监票人和计票人各 1 至 2 名（候选人不能担任）。可以在选举会上直接提名通过，也可以由选举主持人提名，再由参加选举的同学举手表决通过。监票人的职责是受选举人的委托，对发票、投票和计票进行全程监督，并向大会宣布选举结果。计票人的职责是在监票人的监督下进行分发和计算选票的工作。

5. 分发和填写选票

计票人在监票人的监督下，准确核对选举人数和选票数，使票数与人数相符，然后分发选票。选举人在填写选票时不得签署自己的姓名，只填写自己同意的候选人的名字，或是在选票的候选人名字上画出同意或不同意的符号，也可以在选票上写上候选人之外的自己想选的人的姓名及相应的符号。每张选票上所选的人数只能等于或少于应选人数。如果所选人数多于应选人数，该选票即为废票。

6. 进行投票

在全部选举人都填写完选票后，由监票人在计票人的协助下当众检查投票箱并进行封闭，而后开始投票。先由监票人和计票人投票，而后在监票人的监督下，由选举人逐个依次进行投票。

7. 计算选票

投票完毕，计票人在监票人的监督下，当众启封投票箱，先清点核对票数，所收同的票数等于或少于实发选票数，即为选举有效；如多于实发选票数，则选举无效。检查清理选票，如选票所选人数多于应选人数即为废票，应予清出。对有效选票进行计算，赞成数超过实到有选举权人数的一半，即为当选。如超过半数以上人数大于应选人数时，则应从最高得票算起，取够应选人数为止。计票结果应向监票人报告。

8. 宣布选举结果

由监票人当众宣布本次选举各类选票共发出、收同、有效、作废的数量，宣布本次选举是否有效。公布各候选人所得票数及候选人名单以外各个人的得票数。说明最高票数、最低票数、超过半数以上票数的具体情况。由大会主持人根据得票情况，宣布当选人名单。

四、选举后的工作

选举大会之后，要紧接着做好有关后续工作，以保持班委会工作的连续性。

1. 进行新一届班委会的工作分工

选举结束之后，新选出的班委会要立即召开第一次会议，选举或协商确定班委会各成员的工作分工。

2. 将选举和分工结果呈报班主任和学校

选举结束后，班委会要尽快将选举结果和新选出的班委会的分工情况及时呈报班主任和学校，以便今后工作的开展。

3. 做好落选同学的思想工作

由于选举中必然会有落选的情况。班主任或新任班干部要及时做好落选人员的思想工作，帮他们多从自身找原因，正确看待选举，正确认识自己的不足，及时解开思想疙瘩，引导他们继续努力，再接再厉。

4. 组织班委会学习有关班干部工作知识

班主任或班长要组织新当选的班委会学习关于本班建设的班规、班纪，学习各班委的工作职责和有关办事程序，提高班委会成员的责任心和处理问题的能力，树立班委会成员良好的整体形象和集体威信。要调动每个班委成员的积极性和负责精神，使新班子顺利地跨出第一步，使全班成员从新班子身上看到本班前进发展的光明和希望。

班干部自由竞选制

自由竞选制，是一种富有现代民主气息的班干部选举方式，看似在模仿民主国家和地区的"首长"选举方式，实质是引导学生从小就尝试竞争，在良性竞争中成长，同时激发每一个学生的潜能。这是教师对学生主体精神的尊重。

这种竞争制度以学生自主为前提，采取双向选择的方式，具体说就是由学生本人提出自己想竞选的某一职务，而后发表竞选演讲，最后由全班同学投票选出班长、学习委员、宣传委员等职务，同时提出一个人担任某项职务时间不超过一年，如果还愿意做班干部则可以竞选其他职务锻炼自己。这种做法目的是避免班干部由老师决定或总集中在少数几个学生的现象。这种做法实际上是让学生从小接受社会生活模式，学会自主选择、积极竞争。同时，这种方式也给学生创造了轮流体验当学生干部的机会。再加上这种竞选每学期进行一次，可形成学生干部在班级中的一种动态机制，极大地激发了学生的潜力，同时在很大程度上激发了个人与集体的活力。

竞选班干部是每个班级都会遇到的班级常规活动之一，通过竞选既可以选出本班的"组织机构"，又可以锻炼一个人的综合素质，其中包括竞争与合作，还包括承受挫折。

学期初本班改选，班长一职有三个人竞争，一时间难于取舍。于是我给他们三人一个星期的时间展示自己，而后再做最后的竞选演说，结果张萌以其热情、大胆的鲜明形象成为最终的当选者。从中使学生懂得一个人要经常面对各种选择、挑战与竞争。每一个人必须从小学会适应文明社会的价值观念，用积极的价值目标和人生观念指导个人的行动。小学生正处于文化人格形成的雏形期，让孩子从小学养成文明人的"处世哲学"是班级文化关系建设的重要内容。从这件事中，学生学到做人的"哲理"，有助于在今后的社会中立足。

这就是竞争，有人在竞争中获胜，有人则在竞争中失败。面对失败，他们会怎样呢？我们来听听学生的心声。

我总想为班级服务，可总是没有机会，这一天，我为班级服务的机会从天而降。

一天，在上课的时候，唐老师对我们说："谁想竞选大队委，下课到我这里来报名。"我想：这可是一个千载难逢的好机会，我可不能轻言放弃。下了课，我就到老师那里去报名。老师让我们想竞选词。因为这个，我一晚上都没睡好。

第二天下午，就开始读竞选词了。我前面的几个同学的竞选词都比我的生动。当老师叫道："下一个是王冠同学"的一刹那，我浑身上下都开始打哆嗦。在路上（从位子到讲台旁），我双腿一直都在打哆嗦。当我站在讲台上面对大家时，我的心都要从嗓子眼儿里跳出来了。我想方设法让自己的心情平静下来，可是，大家的目光都投在了我身上，我特别紧张。老师说："你可以开始说竞选词了。"我就开始说竞选词："我之所以要竞选大队委，是因为……"可是，我这张嘴就是在关键的时候掉链子，打了四次磕巴，最长的一次停了四秒左右。结果，再投票的时候，老师说："谁同意王冠请举手。"我想：我的朋友多，最少也有十票吧。最后只有我的一个好朋友支持我，我只得到了可怜的一票。我就像被打了一棍似的，心里别提有多难受了。我坐在椅子上，仔细想了想，最后终于调整好了我的心情。

下课了，那些没选上的同学都哭了，可我却没有哭。因为我知道，我并不是一个各方面全优的学生。所以，我以后还要继续努力。我记得唐老师曾对我说过："每一个人在成功之前，必须得经过几次挫折，甚至委屈，只有经过挫折的人才可以真正长大。"

学生通过这种公平竞争的机制成为班干部的一员，对于个人来说是一种胜利，对于一个集体来说是确立了一个班级文化群体，一个学生认可追求的文化群体。这样产生的文化群体也具备了初步的影响力。同时，可以肯定：经过这种方式选出的小干部也是反映班主任教育的意志与导向，代表着班主任教育思想以及对学生发展的期望与目标。因此，这个小干部文化群体也就为班级的形成与发展提供了一定的保障。

自由竞选的主要程序如下所示。

（1）由班主任公布班干部候选人的资格、条件和竞选的具体要求与安排。

（2）由学生根据自身条件，对照要求拟好讲演稿，内容是介绍自己"施政设想"、打算及个人兴趣、爱好等。

（3）召开演讲大会，候选者登台演讲。

（4）候选人进行辩论，辩论得胜者当选。

班干部聘任制

聘任制是班主任在实际工作中创造出来的一种新型干部选拔任用制度。

具体做法是：改传统的投票选举班干部为选举班委组阁人，即每学期一次性选举若干名同学，每次由其中男女同学各一名出面聘任6名至8名同学组成新一届班委会，成员有班长、纪律委员、劳动委员、文体委员及课代表若干名，并配合校团总支组建班级团支部。每届班委任职2周至3周，任期结束，每个班委成员做述职报告，总结其任职期间的思想、学习、工作表现和班级情况，同学予以评议。述职报告做完后，由下一届组阁人宣布新班委名单，于是上一届班委解体，新一届班委产生。学期结束，评选出优秀班委、班干部予以表彰。

班干部聘任制是对传统的班干部制度进行的大胆改革，还要在实践中对这种方法不断完善，如任职时间可根据学生特点进行调整，优秀班委可以连任两届，对班委成员的述职报告不断提出规范化的要求，等等，以逐步形成独具特色的班级管理模式。

这种新的班干部任用制度，是在广泛听取同学意见与建议的基础上形成的，有很好的现实基础，为学生施展才能营造了愉快氛围，较传统的班干部任用制度有以下优势。

（1）学生乐于接受。由于这种新的班干部任用制度任期不长，学生都乐意接受，也乐意为班级作贡献。特别是任期结束要做述职报告，这就增加了工作的透明度，所以每届班委为了做好工作，都爱竞争看谁的工作做得好，看谁为班级作出的贡献大，从而最大程度地培养了学生的能力。

（2）担任班干部，是培养学生能力、提高学生素质的一种很有效的方法。这种新的班干部任用制度让班级里的每位同学都有锻炼自己、提升自己能力与素质的机会。有一技之长的学生有了用武之地。而这些学生为了使自己的工作取得较好成效，尽力施展自己的才华，从而充分发挥了每个学生的特长，促进全体同学共同发展。

（3）由于这种新的班干部任用制度使人人都有机会当班干部，都能尝到当班干部的酸、甜、苦、辣，所以大多数同学都能支持、配合班委工作，又出于每届班委都热心奉献，所以全班团结互助，和谐了同学之间的关系。

班干部轮换制

班干部轮换制是民主开放型班级管理模式的重要形式，正受到广大教育工作者和学生的广泛关注。正如民主的意识要从小培养，民主的管理模式要在班级中构建一样，班级学生干部轮换制也要从班级中开始实行。

我们先看一个案例：

小唐是昆明市一所小学五年级学生。下面是她的"履历"：一年级由老师推荐任班小组长；二年级因劳动积极同学选她为班劳动委员；三年级在班诗词会上因古诗背得最多而被选为班长；四年级毛遂自荐成为校"学生督导小队"的一员；五年级担任"学生校长助理"及中队长。

在这所小学，绝大多数学生都可以列出这么一份当过各种学生干部的"履历表"。因为该校实行"学生自主管理"模式，班级配备指导员和副指导员（由教师担任）各一名，不设班主任，实行班干部轮换制及"学生校长助理"制，依班级情况班干部每月或半学期一换，加之选拔制度有很大的灵活性，几乎每一位学生都有锻炼的机会，所以小唐担任过那么多学生干部职务在该校也就不足为奇了。

取消班主任制，推行指导员制、班干部轮换制，是该小学校长对"学生自主管理"模式探索和研究的结果。据校长介绍，学生干部选拔可以不拘一格，学习成绩好不是唯一标准，任何学生都有权利担任学生干部。选拔主要通过学生自荐、民主选举和老师推荐的方式实现。自我推荐可以增强学生的自信心和勇气，民主选举则培养学生的平等、民主和公平意识，老师推荐的方式主要针对那些性格内向、有自卑感或不适应新环境的学生。

因班干部轮换频繁，班务工作有时会衔接不上，所以各班都设一个"常务班长"，负责配合新上任的班干部适应工作。小兰在四年级时当过常务班长，她说："老师不在课堂的时候我来负责同学的学习，有时给他们上课，主要是科技自然类的；有时给他们布置作业。期末的时候，我经常采用答题竞赛的形式帮助同学复习。"升入五年级的小兰现在身兼多职：校长助理、宣传委员、推普委员（推广普通话）。她说："我一年级时特别腼腆，现在变得开朗了，并学会了容忍。"

校长说，班主任变为指导员，不仅仅是称呼上的改变，更是教育观念的改变。学生进一步，教师退一步，站在学生侧面，在学生困难时给予指导、扶持，尽可能地把学生从"一切由老师做主"的桎梏中解放出来，让他们的人格获得健康发展。

学生自主管理制度的实施也在影响着老师的教育思想和教育实践。五年级2班的指导员王老师说:"以前班级的事都是由我来做决定,不会想到去征求孩子们的意见。现在作为指导员,我只是班级中平等的一员,班级的事情由孩子们决定,我参与其中指导、引导而非凌驾于班级之上发号施令。如果我摆出高高在上的姿态,反而会被孩子们孤立。"有一次,一名学生"批评"王老师上课打电话,因学校规定老师上课不得接打电话,于是王老师向这名学生诚恳地道歉并说明原因。原来那次课上,有一名学生突然呕吐不止,王老师不得不用手机联络其家长来校。

随着"一切为了学生"的一句响亮口号,教育民主闪亮登场。落实体现这个现代教育理念的方法、途径很多。"班干部轮流当"就是这方面的一个尝试性实验。它成不成功,最终结果会怎样,这并不重要,重要的是他们奉行的现代教育理念是有生命力的,是必然要走向普及的。注意,"班干轮流当"可不是"江山轮流坐"的变种!它不是基于对某种狭隘个人的"不平等"发展心理的抚慰。这里的关键不是"位子",而是"机会";不是当"班干"的价值,而是班干"轮流当"的价值。

实践证明,实行班干部轮换制具有重大的意义。

1. 有利于班级管理的民主化

(1)班干部轮换制有利于培养学生的民主意识。民主意识是现代人最重要的基本素质之一。为培养适应新世纪需要的人才,树立学生的民主意识、参与意识,使之学会争取并保护自己应享有的权利,学会明确和履行自己应尽的义务,这是现代教育的同有目标。民主意识形成的最好渠道是民主生活的实践。班级学生干部轮换制为学生提供了最大限度的民主生活实践机会。

(2)班级学生干部轮换制从机制上保证了班级管理的民主化。现代民主管理是靠制度规范实现的民主管理,这种民主管理是一种过程和机制，有高度的稳定性。现代民主不否认个人的作用。班主任个人的民主作风对于班级管理的民主化自然是必要的，但是班级学生干部轮换制则从机制上保证了不管班主任的民主作风如何，班级管理也能实现民主化。

2. 有利于班级管理的科学化

（1）从教育学方面看班干部轮换制的科学性。现代教育学要求教师必须有现代学生观。现代学生观的基本点是：学生是人，是不断成长的人。前者要求教师看到学生发展的主观能动性，也就是看到学生有发展的主观需要；后者要求教师看到学生身上的各种特征都还处于变化之中，看到他们身上潜藏着各方面发展的极大可能性，也就是看到学生有发展的客观可能。素质教育关于面向全体学生、促进学生全面发展的要求，正是基于以上的现代学生观而提出来的。班级学生干部轮换制从一个侧面为面向全体学生、促进学生全面发展提供了必要而可能的机制保证。实践中，就成人来说，不是人人都有当官的本事。

学生是不是都能当官？实践表明，这种顾虑是多余的。某班上曾有一个品学兼优的男生，论当学生是一流的，但他性情内向，从来没当过学生干部。在一次班委会轮换时，被同学们推荐为候选人，他个人却不愿参加竞选，要求一定要等以后再为大家服务。下一次轮换时他又被推荐为候选人，并经民主选举协商分工担任了班长。他能不能当好这个班长？谁心里也没有底。结果仅仅几天的适应期之后，他这个班长干起来竟也有板有眼、有声有色。在他的任期内，班级发展又上了一个新台阶，他个人也被评为市级三好学生。这是为什么？很容易理解，学生是不断成长的人，组织能力、管理能力、领导能力在不断成长的学生身上是可以锻炼出来的。

（2）从科学管理方面看班干部轮换制的科学性。由于轮换制是选举制，学生干部是大家选出来的，从科学管理的角度看，学生干部轮换制有许多好处：一是学生干部既有正式群体中领导的角色特征，又有非正式群体中首领的角色特征，从而有效地实现了班级群体两重结构的整合，有利于推动班级管理的健康发展；二是学生干部在班级管理中，既能发挥固有的角色影响力，又能发挥具有很大优势的非角色影响力；三是形成了一种有效的激励机制，学生干部能最大限度地保持工作的积极性和主动性。

（3）从心理学方面看班干部轮换制的科学性。班级是一个"雏形社会"，是一个相互关联的角色群。心理学认为，学生在班级中充当过的角色越多，他和集体的联系就越巩固，他接受的教育就越全面，他的个性发展也就越健全。班级学生干部轮换制为学生扮演多种角色创造了有利条件。

3.班干部轮换制有利于班级管理的现代化

班级学生干部轮换制在班级管理民主化与科学化两个方面的意义是相互联系、相互作用的。民主化是前提，明确了班级学生干部轮换制的政治方向，体现的是班级学生干部轮换制的必要性和可能性。正是这种必要性和可能性，使班级学生干部轮换制成为现代化班级管理的一项具有较高管理效能的管理机制。而班级管理的民主化与班级管理的科学化又是班级管理现代化的本质内容，是现代化班级管理的必然走向。班级管理的现代化归根结底是使班级管理日趋民主化和科学化。可以这样说：班干部轮换制在促进班级管理民主化和科学化的同时，也推动了班级管理现代化的进程。

实行班干部轮换制，必须建立健全有效的运行机制，其主要内容为：

（1）班干部核心的培养。新生入学后，先不要急于定出班干部，而是先通过有意识地给那些有能力的同学委派任务、直接观察和交谈等手段，选出几个比较有管理能力的学生担任小组长，分别负责体育、劳动、卫生、文娱、生活、纪律和宣传等项活动（可以兼职）。在第一学期末，学生间、师生间都已经有了一定的了解，就可以通过学生民主选举和班主任统筹安排，产生一个学生拥护、自立性比较强的班干部核心班子。

（2）班干部轮换的时机。时间宜选在第二学年。这时，班干部核心班子经过一个学期以上时间的锻炼，组织管理能力进一步增强，可以独挡一面了。以他们为核心进行班干部轮换，一般不会出什么大问题。轮换过早或过晚都不好：过早，班干部核心班子不成熟，"掌不好舵"，班级工作容易出问题，班主任放心不下，效果不好；过晚，一般同学担任班干部的时间太短，得不到充分锻炼，并且容易使一般学生产生"反正这么几天，凑合着干吧"的想法，造成短期行为，效果也不好。

（3）班干部轮换的两个组织原则。班干部轮换的具体方法是：把全部同学平均分成几个小组，每个小组作为一届"内阁"，负责半个学期的全部班级工作。其中小组内每个同学分别负责体育、卫生、纪律、宣传等工作中的一项或多项内容，在分组时应当坚持两个组织原则：①每个小组中都有在第一学年中经过了锻炼的、威信高的、能力强的班干部作为骨干，担任班长或者团支书，这些人在"内阁"中既可以向其他同学传授组织管理经验，又能够在工作出现问题时及时独立解决，或及时向班主任汇报，请班主任解决，从而起到稳定军心的作用；②尽量将擅长美术、书法、文娱、体育的同学平均分配在各个小组，以便分别负责相应的工作。

（4）解决好"管理断层"问题。学校工作、班级工作都有一定的连续性，班干部轮换在一定程度上打断了这种连续性。上一届班干部任期才开始，各方面的情况都不熟悉，也没有工作经验，再加上有的班干部责任心差，认为"反正任期不长，将就着干吧"。这些因素作用在一起，就容易形成"管理断层"，尤其是上下届班干部交接工作前后班级管理的混乱，对各方面工作都产生一定的消极影响。为了解决这个问题，应做好两方面的工作：一方面，在思想上教育每一个同学，班干部轮换不是为了让学生凑热闹过"官瘾"，也不是班主任因选不出班干部而被迫让学生轮流"坐庄"，而是为了锻炼每个学生的组织管理能力，每个同学都应当珍惜这个来之不易的锻炼机会，认真工作、善始善终，才能对得起班主任和同学的信任，任何将就着干的短期行为都是要不得的。另一方面，在组织上，可以在两届班干部交接工作前一周，利用班会时间召开两届班干部联席会议，让上一届班干部给下一届班干部详细介绍自己承担的责任，学校近期安排的工作，自己正在做的和打算做的工作以及自己负责这项工作过程中的经验教训，等等。这样，下一届班干部就对工作安排心中有数，并能够吸收前任班干部的经验教训，在正式开始工作前就已经在组织管理上有所进步。这就在一定程度上避免了才开始工作时的手忙脚乱状态。

在实行班干部轮换制时，还要注意：

（1）班主任要从素质教育的角度，从"培养合格小学教师"的高度，认识"班干部轮换"，不能怕麻烦，不能走过场。

（2）对各届班委的安排，要统筹考虑，做到强弱搭配，优势互补。

（3）不可频繁调整，每学期一次为宜，以保证班级工作的连续性。

（4）调整应在开学一周内完成，以免引起学生情绪波动。

（5）每次调整不宜超过半数，并保持班长、劳动委员、体育委员相对稳定，以保证班级工作的质量。

（6）新干部要先培训后上岗。

（7）放手让班干部开展工作，班主任多从方法上给予指导，对能力弱的同学多给予关心和帮助。

（8）实行岗位责任制，一级向一级负责。遇到问题，组长解决不了，找分管干部；分管干部解决不了，找班长、书记；班长、书记解决不了，召开班委会；仍解决不了的，由班主任解决。努力营造出"谁该解决的问题，由谁负责，没解决好，就是谁失职"的氛围。

班主任负责制

　　班主任作为班级管理者，事必躬亲不仅会操劳过度也有可能会事倍功半。管理既是一门学问，又是一门艺术，班级管理也是如此。为了提高管理的有效性，有班主任在教学中借鉴了企业管理中的"主导领导负责制"，试行"班长负责制"，收到了不错的效果。

　　所谓班长负责制是指班主任不在教室时，由班长全面负责学习、纪律、卫生等班级管理工作，班长向班主任和其他任课老师负责。班长负责制实行层层负责，即学习委员、生活委员、纪律委员向班长负责，由他们具体管理班级的学习、卫生和纪律，最后由各学习小组组长向学习委员、生活委员、纪律委员分别负责。也就是说，如果班级的纪律出了问题，班主任不是直接找纪律委员而是追究班长的责任，而班长再追究纪律委员的责任。

一、班委建设——班长负责制的灵魂

　　高素质的班委，特别是高素质的班长是这一制度能否成功的关键。所以，在班长人选问题上一般由班主任提出担任班长的条件，然后由全班同学选举产生。例如，某班由于班里学习好、负责任、热心帮助他人的同学不多，最终，同学选有威信、责任心强的赵虎出任班长，选学习优异的刘娜出任学习委员，选敢做敢为、为人正直的刘强出任纪律委员，选聪明果敢、有较强观察力、做事认真负责的刘明出任生活委员。

二、权责分明——班长负责制的精髓

班委成立后，各班委成员各司其职，即班主任不在时，班长全面负责，无论有什么问题，班主任只追究班长的责任；学习委员、生活委员、纪律委员等则是班长追究的相关责任人；具体责任则落实到各个小组长身上。例如，有一位同学数学作业没交，数学老师只找班长，而班长只找学习委员，学习委员就只能追究这位同学所在小组组长的责任，这位组长最后追究这位同学的责任。各班委成员在管理自己所负责的工作时，班长亦为被管理的对象。如果班长不服从管理，可直接追究其所在学习小组组长的责任，即形成下级班委成员只向上一级班委负责的情形。如此一来，各班委成员的工作量都较为均等，有效地提高了工作效率。

三、充分的信任——班长负责制的基础

班长负责制初步建立后，班主任对班委成员尤其是班长应给予充分的信任。例如，班主任在简单地告诉了班长一些注意事项后放手让他去干。这样能够充分调动班长和其他各班委的积极性、主动性，以及他们各自的聪明才智，突显学生在班级管理上的主体地位，使学生发现问题、分析问题、解决问题的能力得到了锻炼，同时同学团结协作的能力也得到了培养。

四、奖罚分明的制度——班长负责制的生命

没有规矩不成方圆。班委的建立只是班长负责制的硬件。这一制度的软件——奖罚分明的班规是班委对班级进行管理的工具，也是全班同学的日常行为规范。它应在《小学生日常行为规范》的基础上，根据班里的实际情况予以细化，添加一些操作性较强的规定。

五、班长负责制的适用范围

班长负责制对班委各成员要求较高，对班长更是如此，所以班

长负责制适用于小学五、六年级以上，因为这一阶段的小学生才具有明辨是非的能力、分析能力、组织能力及合作和协调能力，责任心才能得到初步的培养。

如果在班级管理中，坚持使用班长负责制，并注重将管理学精髓汇人其中，使班委成员各司其职，既能提高工作效率，又能提高班长和班委成员的积极性、主动性及聪明才智，突显学生在班级管理上的主体地位。

班长组阁制

班长组阁制是班干部选拔环节的一个创新做法。即它不是由学生选举产生所有的班干部人选，而是通过竞选，只产生班长人选，再由班长负责挑选能够配合自己工作的学生担任班委，实现组阁。班长组阁制通常与"月述职制度"配套使用。

请看下面的案例：

在李老师的班级里，一个同学能不能担任班干部，担任什么岗位的班干部以及担任多长时间的班干部，不是由老师说了算，而是由学生说了算。"班长组阁制"是这样的一个过程：

步骤1：推荐班长候选人。每个自然小组推选一个候选人，其他同学也可以自荐参加。

步骤2：推荐理由阐述。由小组选出一个代表，综合描述本组候选人的特点，给出推荐的理由。自荐人由其同桌代为阐述。

步骤3：候选人发表竞选演讲。

步骤4：全体同学无记名投票，并当场唱票。

步骤5：得票前2名，担任班长和团支书记（中队长），并由他们负责组阁，确定其他班干部的人选。

步骤6：组阁的名单提请全班审议，并投票通过。如果半数以上同学不同意，必须重新提出组阁名单。

步骤7：各岗位由一名班干部代表进行工作计划汇报，并按计划开始正式的班级管理工作。

"月述职制度"是指班干部按岗位每月对全班进行一次述职，即把本月自己岗位所做的工作，向同学做汇报，并提出下个月的工作计划，由全体同学无记名投票。如果得票达到半数以上为合格，3/4以上为优秀，半数以下为不合格。合格者继续留任，优秀者由班级给予一定的奖励，不合格的班干部自动下台，由上次选举的第3、4名顺次填补（如果第3、4名已经是班干部，则顺延，全部候选人用完，则由班长直接任命）。

班长组阁制适合班级中有明显的领军人物或是中途换届时使用，它的优点在于班干部队伍向心力强，工作效率高，但要防止学生非正式团体的负面影响，班主任对班长的组阁要有引导。

班干部的罢免

对班干部的罢免，班主任应当谨慎从事。学生是未成年人，心理承受能力不强。如果班主任简单从事，把罢免的过程变成了伤害其自尊的过程就错误地理解了罢免的意义。如果班干部是通过全体学生参与选择的方式产生的，那么罢免也不能班主任一人说了算，也要通过全体同学参与的方式进行。

班主任应当把罢免班干部的过程，变成既让班干部认识自身问题或错误，又使他心悦诚服、心中充满光明和希望的过程。能做到这一点，那么班主任对班干部的罢免就是成功的。

我们来看下面的案例：

有天下午放学后，留下做卫生值日的小组多数学生"神情激动"，纷纷向我反映组长不称职，要求予以撤换。我说："做完值日再说。做完值日咱们开个全组会，研究研究。"他们迅速麻利地完成了任务，迫不及待来到我旁边要开会。

这个小组有 7 个学生，我让他们按顺时针方向逐一发言。在他们发言前，我先说了几句话，大意是据我观察，刘玉明同学担任组长以来，工作还是认真勤恳的。但学生的发言意见却跟我的看法不同，概括起来就是组长分配任务不合理，希望换组长。

在刘玉明同学在场的情况下，我决定让他们全组表决，结果是全票通过要求撤换组长的决定。接着开始确定新组长。我说："咱们还是大家提名，大家表决。"

全组共提名陈颖、陆茜、周梦琪等三个人，征得大家同意，从候选人周梦琪开始进行表决。我说，三个候选人，你同意谁，我说到她的名字时，你就举手。注意，每个同学只能举一次手。接着我说："同意周梦琪担任组长的同学请举手。"大家都举起了手，而其他两名同学均没有通过。

我宣布周梦琪为新组长。大家鼓掌表示祝贺。最后我说了几句话，祝贺新组长诞生，感谢原组长几个月来认真诚恳的工作，希望新组长能发扬这个优点，把组里的工作分配好组织好，带领大家不断进步。

这次"罢免"没有留下后遗症，我感觉还是比较成功的。

总之，如案例中的班主任一样，罢免班干部一定要做好善后工作，尽量不要伤及学生的自尊心。

第二章

班干部的任用方法

大胆放手，小心扶植

"用人不疑，疑人不用"，这句话的意思是说，班主任要充分相信班干部，放心大胆地让班干部开展工作。

一般来讲，班干部应该是同学中比较有影响力的人物。他们应关心集体、办事认真、作风正派、团结同学、乐于为同学服务。他们应能给同学起到表率作用，有一定的组织领导才能。就班干部个体选择而言，要尽可能按以上的标准，但班干部集体的组织要注重发挥长项，形成合力，要根据每个人的能力、爱好和特长及心理特点，分配给他们适宜的工作做，使他们逐步学会如何有效地开展工作，处理问题，解决矛盾。著名教育家魏书生给班级管理提出了一条大胆的原则：干部能做的事，老师不做；普通同学能做的事，干部不做。

周继明、戴明峰是魏书生85届实验班（两个班）的班长，班上众多的事，魏老师从不管，但他强调班干部要主动、独立、创造性地开展工作，并说，班长代表班主任，代表班主任行使权力。两位班长说："每月我们都召集班干部开一次会议，会上讨论决定一些重大问题。比如，有一次歌咏比赛，我们班委便决定了唱什么歌、穿戴什么服饰、谁担任指挥、谁负责乐器伴奏……一件事魏老师都没问过，但演出获得了全校第一名，异常成功。我们在初中三年生活学习中，组织过的活动很多，都是我们自己策划并组织。有些活动，有争议就请同学们裁决，只要超过了半数，就通过，就执行。有时我们也有不完善的地方，魏老师总是在集体中维护我们班干部的威信，私下再给我们指点迷津，分析利弊，总结经验教训，帮助我们提高。"

只要像魏老师这样充分相信学生干部，时时、处处为学生干部撑腰，在学生中树立他们的威信，放手让他们工作，他们的能力一定会提高。而教师只要当好学生干部的顾问或导演，多给他们指点工作方法，他们就一定能把班级管理好，形成一个充满生机和活力的、团结向上的集体。

而现在学校中普遍的现象是：班主任选好班干部后，放权不放心，对日常工作指手画脚，横加干涉。在私下里对班干部的错误行为或处理问题时不恰当的方法指点迷津本来是好事，可以帮助班干部进步。但是，有很多班主任做不到这一点，一看到班干部同普通同学一样犯错误，班主任便不顾班干部在同学中的威信，对其横加指责，后果严重。可见，信任是多么的重要，信任不仅使学生干部能够自如地运用手中的权力，也使他们了解自己的责任有多重，促使他们尽职尽责，发挥每个人最大的力量。

妥善处理班干部告状

有这样一个案例：

初一班主任马老师在课堂或课间常会听到班干部的告状：
"黎平昨天没有值日就逃跑了。"
"刘仁坤上数学课看课外书了，可数学老师就是没发现。"
"黄珲天天回家看电视，还不完成作业。"

"刘军前天偷人家东西了，说他还不承认。"

"……"

一开始，马老师还认真听取班干部私下的告状，仔细调查。可是后来班干部的告状越来越频繁，弄得她烦恼不堪，甚至大为恼火。马老师心里想："这群孩子真是的，有什么事情怎么就会找老师？打小报告又不是什么光荣的事。"于是，马老师渐渐对班干部的告状敷衍了事，或不理不睬。有一次，还对一个班干部大声怒斥。这样，"小报告"很快就少了，马老师的耳根也清静了很多。然而，有一次，班里发生了一件大事，闹得沸沸扬扬，马老师却一无所知，因为没有一个班干部向她透露过。事后，马老师很生气，责问班干部，班干部却理直气壮地说："我们又不喜欢打小报告。"一句话，让马老师哑口无言。前后思量，都糊涂了，到底应该怎样处理班干部的"小报告"呢？

这则案例给我们的启示是：班主任应慎重对待班干部的小报告，既不能过分纠缠，也不能坐视不管。

很多老师反映，小报告的问题处理起来十分棘手。面对班干部的"报告"，他们也不知该不该信。一方面，不信，则可能会丧失一些有价值的信息，使一些问题得不到及时的解决；信，则难免会使"报告者"产生依赖心理，缺乏独立自主的能力。另一方面，会使"被告密者"产生逆反心理，学生之间产生隔阂，班集体也就谈不上团结了。

其实，班主任在处理这类问题时应格外谨慎，除及时调查事情的真相、妥善处理外，还要重点对那些"报告者"进行引导，比如：同学之间的关系尽量自己去协调，只有在他们不能协调时，才由老师处理。目的是要学生们形成健康的心理，培养一定的自主能力，通过引导和矫正，逐步减少和限制这种现象的发生。

再看一个案例：

刘老师是一位经验丰富的班主任。在日常工作中，她经常会碰到"打小报告"的问题。

有一次，她接带了一个初三年级的班级。开学不久，她就发现，这个班的班干部非常喜欢打小报告。有的班干部，只要一遇到问题，无论严重与否，都要向老师打小报告。尤其是文娱委员李欢，几乎每天都有"新发现"：甲骂了她，乙在背后说她的坏话……这些鸡毛蒜皮的小事，她会一件不遗地告诉刘老师。

刘老师一直思考：班干部或者其他学生向老师反映情况，是必要的，也有利于班级管理，但是告状这种方式不可取，能不能找到一种更好的解决方法呢？于是，刘老师想出了一个替代的办法，就是在班里设立"意见箱"，每周打开两次，公开同学们的意见。所有的学生都可以公开地参加班集体的讨论，为班集体建设出谋划策。从那以后，献计献策的"智囊人物"多了，喜欢"打小报告"的班干部少了。从班集体的发展标到管理方法，从学习到生活，从宏观到具体，大家提出了许多有参考价值的信息。根据大家的提议，班上确立了奋斗目标——文明班级，并且制定了比较系统可行的管理方法。同学们在学习上信心十足，生活上互帮互助，集体观念增强了，整个班集体既团结又活跃。

这则案例给我们的启示是：班主任可以给"小报告"提供一个正规渠道，使学生的私下意见变为班级民主管理的一种形式。

上面案例中，班主任用"意见箱"取代"报告团"，优越性是明显的。首先，有助于班级决策和管理的民主化。它让所有的学生都加入到班级的管理中来，保证了班级建设主体的广泛性。在形式上，也由秘密活动变为公开进行，而且内容也不只限于反映问题了，这些都有利于班主任收集各方面的有用信息，从而推动决策的民主化和科学化。其次，有利于学生情绪的表达。"意见箱"可以把学生自己心里的想法说出来，从而保持良好的心境，促进心理健康发展。再次，有利于调动学生的积极性和主动性。因为他们都成了班集体的主人，班集体的发展有了真正的动力。最后，有助于形成良好的班风班貌与和谐的同学关系，为大家的学习和生活提供良好的环境。

绝不要培养告密者

一位班主任曾讲过这样一件事情：

我在教高中一班时，曾在周末约学生到我家玩。正是在一次与学生包饺子的过程中，一位从外校初中考进我校的女生向我说了这样一件事——

我在原来的学校一直是班上的好学生，但我却不喜欢我的班主任。因为她总喜欢在班上安插"间谍"，这些"间谍"其实就是我们班上的同学。

本来嘛，大家都是同学，可一旦接受了老师的"重托"当上"间谍"，就俨然成了"地下党员"：谁上课说小话了，谁在课余说老师的坏话了，谁在自习课上偷偷下"五子棋"了，等等，都得暗中细细观察，然后向老师汇报。最初担任"间谍"的大都是班委干部，后来同学们渐渐知道了他们的"特殊任务"，都对他们敬而远之。于是，班主任便在普通同学中发展"间谍"。这样一来，同学之间都互相猜忌，互相防范。本来很好的朋友，往往因为一方告发了另一方，而中断了友谊。

因为我性格比较内向，在班上很不起眼，所以也曾被老师"信任"。有一次，老师把我叫到她的办公室，对我说了一大堆"关心集体""主持正义"的道理，然后就说："你负责自习课暗中记违纪同学的名字。然后，将这些名字写成字条，悄悄塞在我这本书里面。"她一边说一边指着她办公桌上的一本厚厚的词典。

师命不可违啊！但一想到从此我要充当告密者，就感到恶心，我实在不愿做这样的小人！怎么办？当天晚上，我在作业本上给老师写了一封短信，大意是说我眼睛近视，课堂上看不清远处的同学，所以完成不了这个任务。结果第二天，我再被老师叫进办公室时，她把我狠狠批评了一顿，第一句就是："你说你眼睛近视看不清，可你的学习为什么那么好？我没见你戴眼镜啊！"她又说我毫无起码的正义感。最后她说："你实在不愿意就算了！但是，请千万别对任何同学说这件事。"我后来真的做到了没对班上任何人说这件事，但对我爸爸说了，爸爸说我做得对。

然而，我却因此得罪了班主任。她对我明显冷淡，还常常在班上说什么"一个人不能只管自己的学习，而不管班上的事""有才无德的人是不可能成为真正的人才的"之类的话。我申请入团已经很久了，可每次都被她以"没有正义感"而卡下来。

听了案例中的同学的叙说，让我毛骨悚然！

当然，我相信，像案例中的女生讲述的这位班主任安插"间谍"的行为，现在并不多见。但是，希望学生给自己打小报告的教师，恐怕就不是少数了吧！

有这么一位优秀班主任，长期不深入班级，也很少找学生谈心，但是他总是对班上的情况一清二楚，甚至对每个学生每堂课的表现几乎都了如指掌，因此他总是能够"及时地""有针对性地"处理解决班上的各种问题。有人向他请教"经验"，他得意地说："关键是要在班上培养几个心腹！"可是，这位"优秀班主任"班上的学生却说："在班上，我们没有安全感。"

　　的确有这样的班主任，他们总是好心地通过班干部或自己的"心腹"了解班上的各种情况。很难说，这些老师有什么恶意，相反，他们不过是想尽可能细致地了解班上学生的真实情况，以便更好教育学生。但这样想法和做法所产生的恶果可能是许多班主任始料未及的。

　　（1）这样做首先是对大多数学生的不信任。不，岂止是不信任，简直就是对他们的极不尊重！因为班主任在大多数学生浑然不觉的情况下，就把他们无端地置于少数人的监视之中。这离我们教育所必须遵循的相信学生、尊重学生的原则相差十万八千里。一旦大多数学生觉醒，他们所产生的羞辱感必然导致师生关系对立。

　　（2）这样做实际上也是对班集体的分裂。班级应该是和睦温暖的大家庭，可是，由于存在告密者，亲如兄弟姐妹的同学则成了互相防范的敌人。

　　（3）这样做将在学生心目中播下扭曲的正义观。正义的另一面是善良，让学生在"正义"的旗帜下大行告密之勾当，无疑是对正义的亵渎！当学生逐渐以告密为荣而丝毫不觉得这是人性的可耻时，我们的教育已经为未来培养了许多奴才和小人！

　　在中国传统文化中，最腐朽也最发达的内容之一，便是"告密文化"！历代封建统治者，为了维持自己的统治，都要豢养一批给自己打小报告的小人。这是人治社会必然产生的现象。

　　因此，要让我们的班级有一种温暖和谐的氛围，要让我们所教的学生有一种心灵的安全感，要让我们的学生具备一种自我教育的能力，绝不让我们的学生长大后成为暗中踩着别人往上爬的小人，所以——

　　班主任绝不要培养告密者！

慎重处理班干部违纪

班干部违反纪律，不同的班主任会有不同的反应。

画面一：

班主任："啊，你还是班干部呢！怎么带的头啊？丢脸！"气急败坏地大骂一通，而后是重罚。持这种做事风格的班主任往往会在班规里有类似"班干部违反规定者加倍扣分"的规定。

画面二：

班主任："怎么搞的，你也违反纪律？这次就算了，下不为例啊。"轻描淡写的一番谈话后就不了了之了。持这种做事风格的班主任往往呵护着班干部。

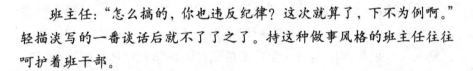

这两种处理方式往往会造成这样的后果：前一种方式，班干部的威信被严重损害，班主任只顾重罚而忘了维护班干部的威信，造成被重罚的班干部与班主任"距离"越来越远；后一种方式，让学生觉得班主任是班干部的一把特大保护伞，严重地损害班主任的威信，也助长了班干部颐指气使的自负脾气。

其实，"纪律面前，人人平等"，班主任做事的基本原则就是：公正、公平、民主。既然如此，就不存在"班干部违反纪律怎么办"的难题，违反纪律就得照章受罚。所以，班主任与学生共同制定的班规里，应明确地规定包括班主任在内的条款，班主任违反都得受罚，何况班干部呢？所以，第二种处理方式没有存在的理由，班主任不能为了维护班干部的面子而让自己的威信在全班同学面前荡然无存。

班干部违反纪律之后，关键不在于罚不罚和怎么罚的问题，而在于如何让班干部心甘情愿地受罚，在于受罚之后，班主任如何做好安抚工作。那么，应该怎么做呢？

1. 要有冷静的头脑

"人非圣贤，孰能无过"，何况一个孩子？是啊，作为学生，无论哪一个违反纪律都是再正常不过的事情。既然这样，就没必要对班干部犯错误大惊小怪了。班干部犯了错误，他心里已经很不安了，如果再对他严厉批评指责，会让事情变得更糟。班主任应该冷静地对待每一个学生所犯的错误，正确地对待班干部所犯的错误。

2. 要有一双善听的耳朵

学生违反纪律之后，不少班主任总是情绪激动地大声呵斥学生，指责他的不是，尤其是有些学校用量化管理，把学生违反纪律的次数和班主任的津贴挂钩，这更刺激班主任的激动情绪。于是，很多愤激之语张嘴就来。其实，学生之所以成为班干部，就是因为他犯的错误比别人少，他得到比别的同学更多的信任，同学们选他当班干部，班主任也认可了。他犯错误总有他的原因，我们不妨多点耐心，静静地倾听学生陈述理由：也许他家有事，上课迟到了；也许他路遇同学，耽搁了；甚至会一时抵制不住诱惑，上网吧了；也许他和同学闹矛盾了，想走出教室散散心；也许他财物失窃了，冲动之下也想报复一下……

"上帝给我们两只耳，就是让我们学会倾听的"。也许当你听完他的陈述，情绪就会有所缓和，继而找到处理的办法。

3. 要有一颗公正的心

班主任做事最忌讳的就是一碗水端不平，"两套标准"，全班同学制订的规章制度不可爱罚则罚、爱废则废。

4.要给予温柔的安抚

惩罚之后，要及时地找犯错误的班干部做思想工作，让他们明白一个最基本的道理：纪律是一切制度的基石，组织与团队要能长久存在，其重要的维系力就是团队纪律。要建立团队的纪律，首要的一点是：这个组织的领导者自己要身先士卒维护纪律。班级制定班规不是为了惩罚某个人的，而是为了约束大家的日常行为的。"国有国法，家有家规"，惩罚不是目的，而是建设的手段。"过而能改，善莫大焉"，犯错误的班干部依然是老师的好助手、同学的好榜样。

"纪律可以促使一个人走上成功之路"。有位企业家曾说过："领导者的气势有多大，就看他纪律性有多强。"一个好的领导者必定是懂得自律的人，而且也一定是可以坚持及带动团队遵守纪律的人。所以，班干部违反了纪律，就得一视同仁，按照班级规定行事，但处理前要了解原因，处理时要冷静，处理后要及时安抚，让全班上下心服口服。

对班干部要严格要求，赏罚分明

对班干部要严格要求，赏罚分明，是班主任在任用班干部时应该注意的。班干部的行为对学生的影响很大，因此要特别注意班干部的言行，要求他们处处时时严格要求自己。班干部本身是学生，但与普通同学又有很大区别，所以对班干部的要求要比其他同学更严格。比如：在穿着打扮上，不能穿奇装异服，应保持朴素大方整洁的形象；在言谈举止上，不能说脏话，谈吐文雅，举止文明，时时关心同学；在学习上，要勤奋刻苦，并以自己的努力去影响周围同学，带动大家形成良好的学风；在纪律上，如果要求一般同学做到的，干部必须先做到；等等。下面就是这样一个案例。

我们班的劳动委员比较积极、负责，能吃苦、肯干，但脾气暴躁。我们班每周都要评选学习最努力的、劳动最积极的、影响班集体的同学共三人。有一次，在影响班集体的同学中竟然有他的名字，而且还注明他经常口出脏话。由此我对他进行了严肃处理，并令其公开检讨，让同学们感觉到班主任的公正；同时，也让同学们对班干部的诚实感到佩服，一定程度上对提高班干部的威信还有很好的作用。

从上面的案例我们可以看出，班主任对于班干部的严格要求不仅能够促使班干部的自律，从而进一步发挥班干部在同学中的模范与表率作用，而且还能起到对整个班级班风与学风的无形引领作用。

此外，班主任还要对班干部奖惩分明。对优秀学生干部给予肯定和奖励，在评定各级优秀学生干部、优秀团员、三好学生等方面应予以优先考虑。当然，对有违纪行为的或不称职的干部要及时指明缺点、错误，对其严厉批评，并限期整改，直至撤职。只有奖，才能激励班干部的工作热情和积极性；只有惩，才能抑制不良行为的产生。

总之，只有坚持对班干部严格要求、赏罚分明，才能锻炼学生的能力，才能充分发挥班干部的积极作用。

激发学生做班干部的热情

有时候，一个班级的风气沉闷得让人惊讶——没有人愿意出来为集体做事，没有人愿意当班干部，该怎么办？

这时候，班主任首先要冷静。要知道，没有人不愿意被人关注，产生这样的局面，原因是多方面的，其中很重要的一个原因，就是他们对原来的班级和班主任肯定失望过。这个时候，班主任除对他们推心置腹、和他们坦诚交往、找出原因外，没有任何别的办法。

我们来看下面的案例：

我曾接过这样的一个班级。我在开学的前三天，分层次、分批次地把学生请到我办公室里来谈心，搞一些娱乐活动，了解他们内心的真实想法。有时候他们不愿意来，我就制造机会，真诚地请他们帮我一个忙，和我一起做一些事情。由于交往多了，他们的话也就多了。从他们的话语中，我了解到，这个班集体冷漠的原因是以前班主任过于看重个人得失，常常借一些活动的机会，要班干部从同学中收取活动经费，但是没有用多少，同学对他很有看法。班干部怕老师，又怕得罪同学，所以谁也不愿意出来做事情。更让他们伤心的是上一个学期放假之前，这个班与别的班发生了冲突，自己班主任反而帮着别班讲话。

一个班级不能够没有热心人，集体需要大家来参与，众人拾柴火焰高。了解他们冷漠的原因之后，我在班上发表演讲，坦率真诚地把我的看法给他们说出来。我告诉他们：不要因为一次伤害，就认定整个世界都很坏；不要因为一次遭遇风雨，就怀疑蓝天白云的存在；不要因为做过噩梦，就认为明天不会再来……我的演讲激发了大家的热情，让他们对自己有了一次全新的审视。

于是，我趁热打铁，坦然地说出了我对这个班级的看法。对集体的弊端，不隐瞒，要坦率，不是针对具体某一个人的评价，就不会伤害那一个人。我委婉地提出了我个人对冷漠班级的失望，真诚地表达了我的伤心。学生们明显是被我的真诚感动了。

在受感动的时候，学生情绪容易鼓动起来。但是我不能够仅仅满足于以情感人，我是他们的班主任，应该比他们更有理智。我应该在感动中把我所追求的目标明确地提出来，因为建好一个班级，仅仅是有热情还是不够的。这时候，我顺势提出我对建设一个美好新班级的构想，请他们仔细思考我的建议。我告诉他们，我很愿意和他们一起营造一个美丽的生存空间。

接着，我乘胜追击，把做班干部的好处阐释得淋漓尽致。当天晚上，我又给他们开展了能力培养的重要性、如何培养个人能力的专题讲座，点燃他们锻炼自己的愿望，激发他们参与班级实践的兴趣。为了让他们自愿地、踊跃地推荐自己，我给他们详细地介绍了如何推荐自己和怎样客观地评价别人的方法。

我告诉他们，自我推荐的方法有：①我打算竞选哪个职位。②我准备如何干好这个工作。③我的工作目标是什么。

同时，我还告诉他们如何去考察评价别人的工作能力。我引导学生在推荐别的同学的时候，仔细思考下面三个问题：①你为什么推荐他。②你认为你所推荐的人适合干什么工作。③你对他的信任度有多高。

很多人陷入了思考，晚自习下课之前。就有十六名同学交上了自我推荐书。

李非非同学要求当地理科代表，但是竞争这一职位的同学有四个。她是班里最小的学生，我让她发表演说。她说自己地理从来没有及格过，希望借做地理科代表的机会，能更多地和老师沟通、向同学学习，同时希望借这个压力来让她有所进步。最后，她诚恳地请各位地理高手把机会让给她，并请大家指导、监督她的工作。如果她做得不好，她自愿接受批评。她的演讲坦率真诚，大家都把自己神圣的一票投给了她。

陈楠和付亚萍同时竞选体育委员这一职位。陈楠说他在体育方面有特长，得过体育全能冠军，他能带领同学们把体育成绩搞上去。付亚萍说，她有管理能力，能管好"三操"，有能力协调好各方面的关系，还能组织各项体育活动和课外活动。这样由全班同学一致通过：陈楠负责提高班上的体育成绩，当体育部长；付亚萍负责体育活动组织和管理，做体育委员。

就这样，新一届的干部班子就在同学的自荐和推荐中诞生了，而且班委工作积极性很高，同学支持率高，班级工作开展得红红火火。期末全校综合测评时，我班获得了第一名。

怎样调动学生当班干部的积极性，以主人翁的心态融人班集体？案例中的班主任的成功做法就值得借鉴。

总之，班主任一定要记住：

（1）感动别人的最好办法，就是让自己先感动起来，在感动中激发学生参与班级管理的热情。

（2）告诉他们，我很愿意和他们一起营造一个美丽的生存空间。

（3）营造一个竞争的氛围，让更多的学生来竞争一个岗位，这样选出来的班委才有成就感，也有压力感。

与班干部保持良好的沟通

班干部是班主任的参谋和助手。在班级管理中，及时发现、教育和培养好班干部，是管理好班级的重要工作。而要做好以上工作，班主任与班干部之间的沟通交流是必不可少的。班主任该怎样和班干部加强沟通呢？

一、树立"顾问"形象

班主任常与班干部一起分析、研究班级情况，指导他们制定工作计划，了解班级总工作目标和具体目标，弄清完成各项工作的有利和不利因素，以及可供选择的办法，等等。例如：指导班长主持召开主题班会，初期得先帮助拟好发言稿，供"照本宣读"；后来要求按拟好的提纲性发言稿主持发言；再往后就要求能根据班会的具体情况，随机应变地即席主持、发言。有了基础后，就可交付整个学期的行事历，让他按要求独立进行，班主任则在班会上细心聆听和冷静观察，协助班长抉择，而不是插手干预或建议改弦更张，从而使他得到真正的需要：不是经理人，而是顾问、盟友。

若班干部把事情搞砸了，也不宜直接干预批评。"孩子不喜欢别人指出他们把事情搞得一塌糊涂，更不需要别人教他们如何走出困境。"心理学家伊丽莎白·艾利斯在《培养有责任感的孩子》一书中是这样说的。又如当某班班干部按学期计划准备召开"我们不做小皇帝"主题班会时，却临时了解到老师反馈的信息——班里"疲于课堂发言"陋习严重，遂改为展开以"如何在课堂上积极发言"为主题的大讨论。这时，班主任及时出面当班会课的"顾问"，协助班干部仔细分析"疲于发言"的原因，结果发现主要原因是"学习不努力""贪看电视，上课精神不集中"，进而更认识到这种风气的危害。于是，班干部确定了召开由班干部到全体同学深入自查自纠的逐周主题班会——"如何树立正气"。这些主题班会的成功，使得班风、学风迈上了新的台阶。

二、推行"言谈落笔"

班主任每天面对的是几十个学生，要做的工作千头万绪，而班干部的上课及活动时间也排得很紧凑，这就给双方沟通造成一定的困难。班主任可以把来不及当面说清的话或不想说出的话写下来，然后在正式或非正式的场合下交给班干部，其"震动性"作用是明显的。"把话写下来，话的分量便会增加"。例如，每学期初，班主任给每位班干部配发相应的"工作记录本"，明确写好"主要职责"，要求及时记录工作开展情况和感想等。每逢班委集会，班干部就携带各自的"工作记录本"，交流记录经验，提出遇到的问题，商议解决问题的办法，陈述工作中的收获，记载最新的工作任务部署。这种做法对班干部的能力培养和思想教育作用是相当显著的。

三、营造"聆听气氛"

作为班主任，平时在班上习惯了以自己为中心的发言，一旦让自己坐下来细听别人诉说，尤其是别人还说不清楚之时，便成了件别扭的事。班主任必须设法让自己与班干部一起，尽力使班级管理的各个环节都笼罩着一种"聆听气氛"，并致力让大家觉得那样做是很自然的事。待习惯成自然后，班干部只要遇事想找人商量，自然就会来找班主任了。而要达到这个目的，关键是要充分抓住班干部集会的聚议机会，使大家都学会做到留心听人发言，即使是在有不同意见时，也可使发言者充分感觉到自己是受到重视的。实践表明："聆听气氛"下的班干部能充分体验到自己的学习、生活和工作并非完全受班主任控制，班主任使他们拥有一片真正独立自主的空间；在职责之内的事，班主任并不是事事过问，而是要自己充分发挥才干；无论是遇事能顺利解决之时，还是遇事不知所措、需寻求帮助之时，或是做事失败之时，都能在一个"聆听气氛"中轻松自如地诉说和得到满足。

四、尝试"非正式"谈话

所谓非正式谈话，指的是老师和学生一边活动、一边交谈，重点放在活动上，而不是专门找学生谈话。班主任通过非正式谈话与班干部进行交流，往往能取得良好的效果。这种非正式谈话，会让老师和学生都感到轻松、舒畅。这种交谈的机会，几乎能从所有共同相处的活动中获得。例如，一起骑自行车上学或放学的路上，一起散步时，一起参加体育活动或野炊等课外活动时，都可以进行非正式谈话。在非正式谈话中，常会因活动进行中的某个细节或话题，转而谈到某位同学或班级情况，以随意闲聊的形式，插以严肃讨论，可以达到"润物细无声"的教育效果。

五、掌握一定的谈话技巧

班干部生活在学生中间，与同学有着共同的生活和共同的利害关系，他们的喜怒哀乐，思想感情乃至言语行动都具有一定的代表性。因此，班主任应有计划地找班干部谈话，了解情况，沟通思想，提高自己管理班级事务的水平。

与班干部谈话应找恰当的时机。可在课余参加学生活动时，找学生谈谈；也可提前向班干部说明谈话目的，约请他们在准备之后来谈；也可趁班干部找班主任汇报工作时，等他们汇报完后，留下交谈。总之，谈话应很自然，不使对方感到突然。

与班干部谈话，还要平等相待、虚心请教。班主任应放下架子，消除"我是班主任"的意识，对自己的学生也应彬彬有礼，虚心求教。这样不但不会失去尊严，反而会赢得学生的格外敬重，更乐意向你说实话。如果班主任没有聆听的精神，是调查不到学生或其他任课教师的真实情况的。

与班干部谈话，还要掌握一些谈话的技巧。首先，谈话要轻松随和。班主任要以自己的努力，使谈话一开始就处于一种自然和谐的气氛之中，消除学生局促不安的情绪，达到思想和情感的顺利沟通。其次，谈话要精力集中。班主任与班干部谈话时千万不可走神或做其他事情。如果精力不集中，就会给对方造成心理上的疏远和不快，就不会热心地介绍情况。再次，要善于启发，巧妙地进行有目的的期待暗示。有的班干部由于某种原因，在班主任很想了解班上其他同学的情况或代课教师的教学情况时，他们可能会有所顾虑，从而言不由衷。班主任要设法帮助其消除顾忌，使他们肯讲真话。最后，班主任应掌握谈话的主动权。比如，班干部犯了错误，不能不作准备就叫到办公室乱讲一气，而是让班干部感到班主任是在关心、爱护、体贴教育他们的。虽然班主任对他们的谈话批评在原则上比对一般学生要求高，但仍要让班干部接受。总之，关心爱护不是无原则，原则问题不能大事化小、小事化了。

与班干部谈话，还要注意对各种意见的分析。班主任与班干部谈话，往往是个别谈话，这样有利于消除班干部的顾忌。但是，这样得来的情况可能千差万别。因此，对于同一个问题，应多找几个人多谈几次。另外，也不可用谈话的人数多少来决定取舍，应善于分析正确与错误，真话与假话。还可以通过其他渠道，再进一步进行更充分的调查。

总之，加强和班干部的沟通交流，不仅能培养一批工作出色的班干部，还能及时掌握班级动态，调整管理策略，为做好班主任工作创造更有利的条件，可谓一举多得。

端正班干部的服务态度

学校是一个小社会，校园也不是独立于整个社会之外的世外桃源，它自然会受到社会环境的影响，令人痛心的是，有一些学生干部也沾染上了不良风气。报上就登载过这样一则消息：某校的一位女学生班长，谁"意思意思"，她就在学期末选"三好学生"、团组织发展新团员时为其说好话，否则便向老师打小报告，设置障碍。"跑官""要官"风在某些地方也已吹进校园。家长为了给自己的孩子弄个一官半职，请客、送礼……尽管上述现象不是很普遍，然而一旦校园里产生了"特权阶层"，一些学生干部头脑中形成"特权意识"，对他们的成长、对校园良好的环境的形成，都是不利的。

学生干部的出现，本是为了服务于学校管理，服务于学生成长的，但在后来却出现了变异，而且这种变异已经引起了社会各界的广泛关注。那么，身为班主任的我们应该怎么办？

要端正学生干部的态度，其实也不难，首先要让学生从观念上淡化"官本位"意识。在班级管理中多设管理岗位，让学生轮流当"官"。班长、班委会委员自不待言，其他如文学院院长、副院长，班报的总编、副总编、编辑，以及组长、课代表等，人人都是"官"。学生都成了一个活动、一类活动的组织者和召集人，他们互相服务。在他们身上，更多的是一种义务、责任，其核心内涵是"服务"。学生在"为官执政"的时候，体验的不是管人的乐趣、征服的快乐和权力欲望的满足，而是发挥自己才能的欣慰，自身价值实现的喜悦，而这种心理态势是健康的。

其次，要加强对学生干部的培养，让他们都成为出色的组织管理者。教育不是简单地让学生接受知识，而是为了培养学生各方面的才能：组织、管理、协调、动手能力，热爱社会、奉献青春、关爱他人的责任与爱心，以及将知识付诸实践的勇气与毅力……对于学生干部的选拔，班主任要慎之又慎，确定之后还要悉心培养。上岗前的培训、工作中的培训、单项技能的训练等，班主任都要选择合适的时间和地点进行培训。日常的班级生活中，班主任也要不断变换方式全面落实培训任务，如每隔一段时间班主任给班干部写一封信，谈谈班主任对他们最近的评价、他们的可喜变化等，经常和他们交流。

要端正学生干部的态度，家长和老师也要好好地进行自我检讨。因为父母是孩子的第一任老师，一举一动都会给孩子留下模仿的可能；老师如果不能正确引导，也会"助纣为虐"。学生正处于长知识、长身体的最佳时期，老师、家长的一言一行对孩子都起着潜移默化的作用。家长在家要自觉通过读书看报、参加家庭教育培训等多种形式提升自己的素养。老师在学校更要提高自己的综合素质，走专业化发展之路，起到老师应有的为人师表的作用。

校园是美丽的，充满诗意的。因为有"学生官"的存在，校园变得更加五彩缤纷。校园毕竟不同于外面的社会，在这个育人的场所里，"学生官"接受的应是别具一格的教育，那就是先学"做人"，然后尝试着学"做官"。"官念淡薄"后，他们在这里学会了尊重、关爱与平等，待他们融入社会，才能成为以天下为公的人，才能成为有服务意识的人。

化解班干部之间的矛盾

班干部是班级的领导核心，他们的工作对于班级的发展起着至关重要的作用。班干部齐心协力、精诚团结，有利于班级目标的实现，可以把广大同学紧密地团结在班级领导机构的周围，为实现共同的班级目标而奋斗。班干部的团结还有利于协调班级舆论，协调班级的价值观，有利于班级集体的形成。同时，班干部毕竟只是由一些尚未成人的学生组成，他们的性格、世界观等还未完全成熟。再加上受到知识的限制，致使他们的判断能力相对较弱，缺乏建立良好人际关系的艺术，有时不能很好地处理原则性与灵活性的关系，不能掌握尊重别人与坚持己见的界限，从而使干部之间出现摩擦或者矛盾，有时甚至呈现激化状态。班级干部的不团结，给班级的建设和发展带来了不良的影响。因此，班主任必须重视班干部之间的团结，及时化解他们之间的矛盾。

首先，班主任应根据产生班干部不团结的具体原因，对症下药。对于不同的原因，班主任要采取不同的方法加以教育。如果班干部之间的矛盾是因为个人情感而造成的，如一名班干部对另一名班干部抱有成见，并在班级工作中使这种成见表现出来，导致双方矛盾公开化。对于这种情况，班主任不宜用高压、强制的办法加以处理，而应当通过细致入微的情感疏导加以解决。如果班干部之间的矛盾是在处理班级事务中形成的。比如：班长和学习委员因为学习经验交流会的组织问题产生矛盾，班长和劳动委员因为划分包干区或确定责任人问题产生矛盾，宣传委员与某一兴趣小组组长因为板报问题产生矛盾，等等，班主任应当充当一个裁判员的角色，根据意见确定谁是谁非，确定谁的计划更可行。在班会或其他公共场合对双方都提出表扬，赞扬并解释说明他们都在为班级的发展献计献策，班级只是不可能同时采纳而已。鼓励他们以后继续为集体出谋划策，并在这个过程中要求他们双方保持团结，共同为班级服务。

另外，班主任还可以创设一些特定的情境，让有矛盾的班干部在这一情境中协同完成某一项任务。这一任务只有在共同合作的情况下才能圆满地完成，离开了任何一方的合作与支持都不可能完成。一般说来，这些班干部尽管在私下里有矛盾，但他们都不愿对班主任布置的任务有所懈怠，都想尽力完成。因而，为了顺利地完成班主任的任务，他们在执行任务过程中必须通力合作，必须重视对方的努力与合作在自己完成任务中的重要作用。这样，完成任务的过程，实质也是对他们教育的过程。在这一过程中，他们彼此都会发现一个人的力量毕竟是有限的，是需要别人的支持和帮助的。在完成任务的过程中或完成任务后，班主任再就这一任务的完成对不团结的班干部进行正面说服教育，这时常会收到很好的效果。

当然，所有这一切的教育、疏导，必须以班主任的敏锐观察为前提，班主任只有发现了班干部之间的矛盾，才能化解矛盾。

安抚落选班干部的情绪

小英是一个成绩优秀、口齿伶俐的学生。她从小学一年级到五年级都曾在班里担任纪律委员、劳动委员、小队长、小组长等职务。六年级一开学，老师说要进行班干部竞选。小英看着全班前十名的成绩，暗下决心：我的成绩进步了，这次一定要争取当上班干部。于是她积极地准备竞选演讲，争取一举成功。竞选那天，小英慷慨陈词，表现不错。可是投票结果，她只得了 11 票，小英落选了。她趴在座位上痛哭流涕，同学和老师怎么劝都不行。在接下来的一个礼拜，小英垂头丧气，对于班级里的事情不闻不问，还常常唱反调，成绩也退步了。

对于落选的班干部，班主任应该采取什么措施，帮助其走出失败的阴影呢？

上例中的班主任王老师在看到小英低沉的情绪后，采取了以下应对措施：

1. 调查先行

小英落选后，王老师时常看见她一个人趴在座位上无精打采的样子。上课的时候，平时伶牙俐齿的她现在也懒得举一次手。有时小组长检查作业，她找各种借口搪塞，组长对她说："这样组里成绩要下降的。"她头一扬，无所谓地说："最后一名就最后一名，关我什么事！"整组同学常将她告到班主任处。

王老师还特意打电话到小英家里。小英妈妈说那天小英一到家，就跑进自己的房间，还把自己床上的枕头、洋娃娃全扔到地上，晚饭也没有吃。

很明显，班干部落选一事对小英产生了很大的影响。那小英为什么没有得到同学的信任呢？王老师对此进行了深入的调查，好多同学反映：小英在处理事情上不公平，常常包庇自己小组（因为小组间开展竞争），而且她还经常在别的同学面前说某个同学的坏话，破坏同学们之间的感情。

王老师感觉到这样下去不是办法，是到了应该为小英做些什么的时候了。

2. 活动铺垫

王老师马上召开了班干部会议。请"新官们"结合以往的实际表现，对自己展开批评和自我批评，严厉杜绝以权谋私、耀武扬威等不良作风，大加赞扬那些默默无闻却为班级做实事的好干部。会后，班干部纷纷表明了自己的立场，并且在接下来的几天中，王老师观察到他们确实是从班级利益出发，为同学们考虑事情。

王老师同时还在班里开展了"我为班级做件事"的活动。王老师请人做了一个档案袋，挂在教室后面的墙壁上。同学们如果在平时做过一件好事情，便将此事写在一张小纸条上，再签上自己的名字，然后塞进档案袋里。对于档案袋中出现的不是班干部的名字时，王老师就说："虽然他没有被同学们选为班干部，但是他却用自己的实际行动，证明了他是班级中不可缺少的一员，我们为他而感到骄傲。"

此举吸引了小英的注意力，不久，档案袋中出现了小英的名字。此时，王老师抓住机会大加赞扬："小英同学虽然没有被评上班干部，但她仍不忘自己是班级中的成员、为班级做事情，这样的同学值得大家学习。"小英听了，不好意思地低下了头。

3. 谈话跟上

王老师见班干部竞选的风波已经渐渐平息，觉得跟小英进行深入交谈的时机到了。一次课外活动时间，小英正和同学在一起看课外书，王老师把她叫进了办公室。一开始，王老师并没有开门见山，而是漫不经心地提些诸如这几天在看什么课外书、最近班级里有什么新闻之类的小问题。见小英的戒心基本消除，便开始深入话题，王老师让小英自己谈谈对班干部竞选的看法和自己没有被评上的真实体会。

小英一开始支支吾吾还不肯说，慢慢地，她把自己没被评上时的感受和对同学们不选她的怨恨说了出来。王老师等她说完，问道："你想想同学们为什么没有选你？理由有可能会有哪一些？"小英想了好一会儿，才说："可能我平时没有实实在在地为同学们做事，有时还说同学的坏话。"过了一会儿，她又说："我有时候作业不做，成绩也不稳定，不能作为同学们的榜样。"看到小英承认错误了，王老师说："能当上班干部，并不是用一些旁门左道的办法，而是要靠自己的实际行动去赢得同学的信任，这样才是正道。"小英诚恳地点点头。

4. 实际考验

能点头并不代表能改正。为了巩固谈话成果，更为了坚定小英改正的决心，王老师第二天就在班里重新修订了小组竞赛规则，加大了小组集体赢分的力度。小英因为举手积极发言、作业认真，为组里挣了好多分数。周末小组小结时，小组长表扬了小英。宣传委员要出黑板报了，小英的粉笔字写得很漂亮，当宣传委员请她帮忙时，她二话没说，一直到出好黑板报才回家。

王老师看到这一切，欣慰地笑了。

王老师处理落选班干部情绪问题的做法，确实值得班主任借鉴。

总之，让每个学生都健康成长，是班主任义不容辞的责任，我们必须及时地安抚好落选班干部的情绪。

正确应对班干部辞职

一般地说，学生一旦当了干部都有一种心理上的满足。因为当了干部既可说明自己受到了老师、同学的重视和尊重，感到了"自我存在的价值"，又为这种"自我存在的价值"提供了自我表现、施展才干的机会。因此，想当干部借以发挥才干，得到这种殊荣和机会，就成了许多学生孜孜以求的一个目标。应当看到，这也是一定的社会观点在学生身上的反映。

尽管如此，学生干部提出辞职的现象却还是时有发生。面对这种与一般情况截然相反的辞职现象，使有些班主任措手不及，更不知怎样对待。对班主任来说，这确实是一个新课题。

那么，班主任应该怎么对待呢？

我们先看下面的案例：

张老师一早进教室，就发现讲台的抽屉里有一封信，仔细一看，信是寄给她的。是谁写的呢？看看信封上的字，不像是学生写的。是家长？现在通讯发达了，打个电话也可以，怎么这么神秘，还要写信？她好奇地拿起信就往办公室走去。

到办公室里坐下，打开信封一看才知道原来信是新上任的班长小伟写的，是一封辞职信。信的内容是这么写的：

尊敬的张老师：

您好！

您一定猜不到是我给您写的信。真是对不起，我昨天刚刚上任，您一定很惊奇，我怎么又会辞职不干呢？我想说说自己的一些想法。

昨天的班干部竞选，应该说非常公平。我们六个同学进行了就职演讲，最后，同学们进行了投票选举，虽然我的票数第一，但是，小刚同学说我的成绩不如他好。我承认，学习上我的确不如他，但是您马上否定了他的说法，说："当班干部主要看工作表现，看为班级同学服务的态度。就小伟当吧，去年他已经当了一年的班长了，有一定的经验。"同学们果然同意了。当时，我心里并不快乐，因为我知道去年当班长，很多时候我忙着管理班级里的事情，学习上是疏忽了。听着小刚的话，我感觉很难过。我认为当了班长，精力不集中，学习上要分心，我应该先把学习搞上去，再来当班长。回到家里，我把这件事情和爸爸妈妈说了。爸爸妈妈也鼓励我先要提高学习成绩。等什么时候成熟了，再当班长也不迟。张老师，恳请您批准我的申请，我还是不当班长好……

呵，这孩子！张老师沉思着：当班主任这么多年，还第一次收到学生的辞职信，现在的孩子早熟了。真的是因为当班长影响学习吗？怎么处理这件事情？

这一天，张老师没有找他谈话。她想如何说服他在当好班长的同时，又能取得好的学习成绩。万一说不好，会伤了孩子的自尊。

第二天放学后，她把小伟约来。"小伟，今天跟老师说说你的心里话吧！"

"我认为自己的学习成绩不是班级里最好的，这样在同学们面前会没有威信。因为平时要忙班级活动，有时要检查同学们的一些常规，这样就没有时间做作业、看书。所以，有的同学对我有意见。"

"你不用担心同学们对你有什么看法，考试成绩好也仅仅是评价学生的一个方面。"

张老师感觉小伟不愿当班干部是担心班级工作挤占了学习的时

间。那么，孩子的爸爸妈妈也这样想吗？张老师决定找机会跟他的父母谈一谈。几天后，张老师进行了家访，证实了不当班长是家长的意思。家长希望孩子把主要的精力放到学习上，于是建议孩子辞职不干。

张老师决定再找小伟谈话。张老师微笑着对他说："让你当班长，不是享受这个荣誉，关键是要为班级同学服务，所以老师希望你当班长。在为同学们服务的同时，你也要时刻牢记要成为同学们的榜样，锻炼自己各方面的能力。"张老师拿出那封辞职信，"这样吧，这封信你先拿回去，我已经找你爸爸妈妈谈过一次了，你先做一段时间，如果觉得实在不想做了，你再辞职。那时，我一定答应你。"

后来，她并没有再收到小伟的辞职信……张老师庆幸自己作出的选择，让孩子继续当班长，把问题处理好，能真正提高孩子的自信，成绩会提高，工作能力也会得到锻炼。

班干部辞职，一方面，由于自身的原因，觉得能力不够，精力有限；另一方面，来自家长，他们认为当班级小干部，是一种荣耀，而不是为同学服务的。有些家长极力赞成孩子当班干部，而有些则认为孩子当了班干部，很多时间都花费在班级工作上，不利于孩子学习成绩的提高。

那么，如果班级出现这样的状况，我们班主任应该怎么处理呢？

（1）要及时沟通。当学生递交辞职信时，一定经过了思想斗争。他的压力可能来自家庭，可能来自学习成绩的困扰……班主任切不可采取简单的方法，要么劝慰学生继续当，要么就换一个班干部，而应该弄清楚产生这些想法的真正原因。及时与家长沟通、与学生谈话，这是了解事实真相的好办法。

（2）要耐心疏导。班主任对提出辞职的干部要进行深入、细致、入情入理的思想疏导，班主任一方面要肯定他在以往工作中的成绩，以引起他们的美好回忆，促使他们冷静思考自己提出辞职及其原因是否正确；另一方面，帮助他们分析因某种局部原因而贸然提出辞职的危害性、片面性，提高他们认识事物、辨别是非的能力。因家长或其他学生干部或学生而引起的辞职风波，班主任在正面教育辞职干部的同时，要做好家长、其他干部、学生的思想工作，创设学生干部做好工作的环境，如因班主任自己的问题使班干部提出辞职，班主任要与其谈心，交流思想，力求解决。在此基础上，对坚决辞职的干部，可以同意他们的辞职申请。至于辞职理由充分合理的，如学习吃力、家庭原因、学校工作负担重等，班主任就要给以解决，或是调整，或是答应他们的请求。

班主任在处理这类问题时的态度和方法是绝不可忽视的，态度不正确、方法不妥当，往往会给辞职干部乃至全班学生造成心理负担和压力。影响他们的情绪，影响他们对班主任的信任和为班集体积极工作的信心。因此，在方法上班主任要力求平稳而又富于教育作用。在宣布时，既要充分肯定辞职干部的工作成绩，又要敢于正视自己的不足，本着对班集体荣誉负责的态度，应当向他们提出希望——即使不当干部了，也要继续积极发挥作用，为班集体作出自己的贡献。这样不仅使辞职干部心理上能够承受，还对全班学生也进行了实事求是的教育。班主任都要从教育、爱护学生的角度出发，给辞职干部以关心、帮助、信任和尊重。不仅班主任自己应该坚持这种态度，还要教育其他学生，也应坚持这种态度，绝不能有丝毫的歧视、冷淡、不信任的表现。

对学生干部的辞职，班主任必须有一个正确的认识，即这是正常现象。在观念变革的今天，有的适应了新的情况，有的则暂时落后于新的情况。因此，学生干部的变动是不可避免的。不论是在选举中被淘汰的，还是自动提出辞职的干部均属正常现象。班主任在学生干部问题上，必须改变"终身制"观念；学生干部的变动，能使新干部得以脱颖而出，施展才干。目前，不少班集体所采用的班干部轮换制、值日班长制，也是培养干部、发挥全体学生参与班级管理的好方法。

总之，面对学生的辞职，班主任不要惊慌，也不要不分青红皂白地批评，而要冷静地分析原因，细致地做好学生的思想工作，并及时与家长联系，进行愉快沟通，并以自己的人格魅力帮助班干部树立威信，让班干部心情舒畅地协助班主任做好班级的各项工作。

明确职责，合理分工

古人云："在其位，谋其事。"班主任要对班干部进行合理分工，明确各自的职责，以避免相互扯皮和互相推诿。

一般说来，班干部具有以下一些基本职责：

一、进行日常管理

实现对班级的日常管理，必须建立一支负责的、有效的班干部管理队伍，逐步实现学生的自我管理。除采用班干部民主选举、定期目标轮换等方法外，班干部还应以班规、班训作为这个管理的工作目标和原则，以"班集体的利益为先，个人利益服从班集体利益"作为自己工作的基准，班主任要鼓励他们独立自主地大胆工作，发挥学生参与、从事班集体管理的潜在积极性，班主任则只为班集体的日常管理起导向和调节作用。这样，班主任就可以从复杂的事务中解脱出来，省出更多的时间和精力研究落实日常行为规范的途径和方法。

二、落实班规班纪

良好的制度、纪律既是形成良好班集体的根本保证，也是衡量一个优秀班集体的主要标志之一。班级制度和纪律要以学生守则与教育目标为指导，以班级特点和学生情况为依据。在形式上，既要有具体的条文规定，也要有一般的方向性指导。班干部要时刻对制度纪律的执行与遵守情况保持密切关注，认真贯彻落实，同时要引导学生进行自我监督和相互督促、公正无私、奖惩分明。只有这样才能保证制度落实，是非清楚。

三、组织班级活动

班集体的各个成员除完成各自的学习任务外，还应当积极投身到集体的各项活动中去。一般来说，班干部应当直接参加学生的游戏活动，带领学生编辑墙报，等等。班干部应当根据本班同学的活动能力，给予不同程度的指导，要抱着认真负责的态度，目的明确地对待这些活动，以培养学生的责任感。对班级之间进行的比赛，班干部要给予热情的关注，并且要始终和学生在一起，同忧共喜，为集体的荣誉努力，以便真正树立学生对集体的荣誉感。

四、关心班内同学

班级中每个学生都有自己不同的发展经历和特点，学习、心理、思想各方面的差异有时是显著的。忽视这种差异就不能使集体保持生机勃勃的活力，只会单一和呆板。因此，班主任要教育班干部深入了解不同学生在不同方面的一般情况，从而建立学生的信息档案库，以便有效而顺利地进行常规管理。这种信息档案库大致包括下述内容：学生的家庭情况，主要经历，学生的生活习性，一定的个性特点及思想状况，历年的学习成绩及学习特点，身体发育和健康状况、获奖经历、特殊经历，等等。

五、做好班内同学评价工作

班干部要切实做好班内学生的评价工作。学生评价工作是班干部常规管理中的一项重要内容，评价工作是一项严密而又严肃的工作，班干部应当在占有大量材料的基础上，全面而又客观地作出公正的评价。评价一般包括日常评定、期终评定和毕业评定几大类。评价既要总结过去，又要指导未来。

明确了班干部的基本职责，班主任就要对班干部进行合理分工，让他们各自承担起自己的责任。

班委会通常设班长、副班长、学习委员、文艺委员、生活委员、劳动委员和体育委员等。各班委员的基本职责如下所示。

1. 班长的职责

（1）负责班委会全面工作，召开班委会和班会，根据学校的工作重点并结合本班的具体情况制定班级工作计划。

（2）了解本班同学的思想学习情况，维护同学的正当权益。

（3）协助、督促班委会委员的工作，定期向有关组织汇报工作情况。

（4）抓好班委会自身建设，提高班委会整体工作的能力，加强班委会的团结。

（5）配合团支部书记或少先队干部开展工作，对本班发展党团员有责任提出意见。

2. 副班长的职责

（1）协助班长处理日常工作，班长不在时，代行班长职责。

（2）负责班委会分工的某项具体工作，支持帮助各委员开展工作，坚持正义，批评不良风气，促进良好班风的形成。

（3）完成班主任和班长交给的其他工作。

3. 学习委员的职责

（1）具体负责全班的学习工作，制定学习计划，及时反映同学在学习中存在的问题。

（2）积极带领同学开展学习竞赛活动，结合本班的特点，组织各种学习竞赛，巩固所学知识，扩大同学的知识面。

（3）努力学习，提高自己的学习成绩，做同学学习的表率。

（4）沟通教与学的联系，向任课教师反映同学的意见和要求，

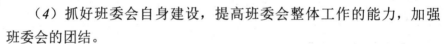

了解学习成绩较差的同学的情况，采取相应措施帮助他们进步。

（5）抓好课堂考勤和纪律检查登记工作，及时向班长通报情况。

（6）完成学校下达的各项学习任务。

4.文艺委员的职责

（1）具体负责全班的文娱工作，根据本班的特点，结合学校和年级的安排，举办各种文娱活动，活跃同学的业余生活。

（2）及时发现同学中的文艺骨干，调动他们的积极性，充分发挥他们的才能。

（3）积极完成学校、年级和老师交给的各项任务。

5.生活委员的职责

（1）具体负责全班的生活工作，根据学校和年级有关精神制定工作计划。

（2）关心同学，了解班内同学生活中的问题和建议，并及时向有关组织反映。

（3）及时发放同学的信件、实习用品等。

6.体育委员的职责

（1）具体负责全班的体育工作，根据学校有关组织的安排和班级的具体特点，制定工作计划，开展丰富多彩的体育活动。

（2）组织全班同学积极参加学校组织的各项体育活动。

（3）组织检查早操等活动的出勤情况，并及时公布检查结果。

7劳动委员的职责

（1）具体负责全班的劳动卫生工作，协助班主任搞好各种建校劳动活动，帮助同学树立劳动观念。

（2）搞好班级宿舍、教室的卫生检查评比工作。

（3）及时反映同学在卫生、环境方面的有关意见和建议，维护广大同学的正当权益。

总之，明确职责，合理分工是班干部开展工作的前提，班主任要对此加以重视。

培养班干部树立正确的"官"念

　　培养班干部，班主任首先应具备崭新而科学的"学生干部观"。优秀的班干部无疑是班主任的得力助手，但又不仅仅是助手。他们既在工作上给班主任以有力的配合，又作为代表全体学生对班主任工作进行有效的监督。同时，培养班干部的目的，也不只是为了使班主任图个轻松，而是为培养未来的组织者、管理者。有了这些基本的指导思想，在培养班干部时，班主任首先是要培养班干部正确的"官"念。

　　1.培养班干部的服务意识

　　班干部也应"新官上任三把火"。不过，这里的"火"既不是"开场戏"，更不是"下马威"，而是"冬天里的一把火"——对同学真诚周到的关心。新班干部在上任后一个月之内，尽可能细心地在各方面关心帮助同学。要淡化"干部"意识，要强化"仆人"意识，让同学觉得自己是最值得尊敬与依赖的人。这样，班干部的威信便开始形成，并为以后大胆工作奠定了深厚的感情基础。当然，服务于同学，绝不是"买人心"的权宜之计。要让班干部在工作实践中逐步明白：自己为同学所做的一切，都不是额外的"学雷锋，做好事"，而是自己的分内之事，应尽之责。

　　2.培养班干部的"主人意识"

　　班干部既是同学的仆人，又是班级的主人，二者是统一的。所谓"主人意识"，有两层意思：一是工作中要有主动性和独立性，不要老是认为自己是老师的助手而消极依赖、被动待命；二是当老师的工作出现疏漏时，应勇于向老师提出，并协助纠正，同时还要敢于作为同学的代表维护他们的正当利益。作为班级主人的班干部，他们与同学的关系应是既大胆管理，又接受监督；他们与班主任的关系应是既密切配合，又互相督促。

3. 培养班干部的创新意识

班干部工作确实很辛苦，但如果这些工作同时又是一种创造。那么，辛苦的同时也有快乐，因为创造性的劳动会使人越来越聪明，大到班级管理方式的选择，小到每一项具体活动的设计，都应让学生尽量体现出自己的智慧，使他们随时感受到创造的喜悦。

4. 培养班干部的效率意识

教育并教会班干部注重工作效率，不仅仅是为了给学生节约时间，有利于他们的学习，更是培养学生一种现代观念。指导学生科学安排时间，合理制定计划，学会"一心多用"，善于简洁发言等等，都可逐步提高班干部的学习工作效率。如有的班主任开班干部会，总是和班干部一起站着开，这么一个小小的举动也能增强学生的紧迫感与时间观念。

5. 培养班干部的自律意识

班干部要管理好班级，首先自身素质要提高，班主任首先要激发班干部主动学习，要首先做到《中学生守则》和《中学生日常行为规范》以及学校的各项规章制度的要求，让他们能够自觉地经常用学生的日常行为规范来约束自己，凡是要求同学做到的，班干部一定要首先做到，只有这样，才能树立长久的威信。

学生干部一般都是品学兼优的学生，老师和家长也都非常喜欢他们、亲近他们，使他们在心理上形成一种优越感和自豪感。但是这样会使一些班干部在思想上潜伏着一种瞧不起同学，甚至把老师也不放在眼里的倾向。所以，班主任要经常教育他们平时要谦虚谨慎，严格要求自己。班主任对待班干部的要求要比对普通同学的要求应更严格，对有了缺点和错误的干部决不能姑息迁就，必须进行必要的严肃批评，甚至当众批评，使干部认识到不论是谁犯了错误都要受到批评，做到"一视同仁"。同时，要使他们懂得批评是老师对自己的关心和爱护，促使他们勇于自我批评，决心改正错误，并在实际工作中挽回影响。这也是影响整个班级形成正确舆论的关键。

培养班干部的自治能力

班干部的培养，是通过学生的自我管理，达到学生的自我教育的有效途径。班干部自治能力的培养，已越来越引起教师，特别是班主任的重视。不过，让学生自己管理自己，决不仅仅是为了减轻教师的工作量，而是把这作为学生自我教育的有效形式。因此，我们在培养班干部时，不要仅仅满足于让学生独立组织几次活动或主持几次会议，而应着眼于让班干部通过实际工作，培养集体责任感和进取精神，使学生自己发现自己的能力，从而认识自我，表现自我，让自己的个性得到充分发展，增强对生活的自信心。同时，使学生之间展开平等的道德、纪律教育，并锻炼他们的组织、管理、演说等能力。

我们来看看著名教育家李镇西在培养班干部的自治能力方面是怎么做的：

在第二届未来班组建班委会时，我先让同学选出了他们自己满意的正副班长，然后我宣布由两位班长自己确定任命班委。由于刚进初中，大家还不熟悉，这无疑给两位班长出了一道难题。因此我决定发动大家自荐，以培养更多人的奉献精神。于是，我以布什为竞选总统穿着印有"请选我当总统"字样的背心长跑宣传、罗马尼亚的中学生如何参加学校管理等为例，教育大家：一个人应有自信心、进取心和为公众、为社会尽职献身的精神，这绝不是出风头和骄傲，而是高尚、正直和勇敢的体现。果然，放学后，三十多位同学涌到班长那里报名。两位班长为了照顾众多的报名者，决定一个委员设两名，整个班委任期两个月，"第二梯队""第三梯队"随时准备接替"不称职的班委"。这既是对未任命者的安慰，又是对新干部的鞭策。13人组成的班委，可谓"机构臃肿"，但是为了争取连任，班干部不得不挖空心思地没事找事干，于是生活委员杨伟昭的"红领巾银行"成立了，宣传委员沈建的小报《鸣蝉》出版了，劳动委员潘芳奕的卫生管理条令订出来了，文娱委员罗梦琴的"五线谱讲座"也开始了……总之，新干部的荣誉感和少年儿童的自我表现欲望促使工作的主动性、创造性产生了。

要使班干部担负起教育同学、维持纪律的重任。我从不要求班干部给我汇报某个同学的不良表现（以免造成同学与学生干部的对立），我对班干部说："如果同学不守纪律，你们应设法帮助、制止他。动辄告状，是推卸责任的表现。"这样，班干部不得不去思考工作方法。上学期第二十二周的一天自习课，我来到教室，往日的喧闹竟被鸦雀无声所代替，进去一看，同学静静地在自习，但有两个学生流着泪站在座位旁。无疑，学生干部用罚站的方式镇住了课堂纪律，这在教师看来，是不足取的方法，但是对学生来说，这却是他们自己管教自己的一个大胆创举。我们可以设想，久而久之，不仅是学生干部，就是全班同学也将会意识到，良好的课堂纪律靠我们自己创造。

上述案例中，李老师的做法很值得我们借鉴。如果学生具备了献身精神和进取精神，那么，他们就会自觉乐意地去组织每一次班级活动，维持班上的好风气，想方设法帮助后进同学，这样，班干部工作热情的源泉，就由兴趣、表现欲上升为一种义不容辞的责任感了。如果教师善于培养并保持、发展这种责任感，那么它将会由对一个班集体发展的关注升华到对一个社会、整个祖国的责任感，这才是我们培养学生自治能力的根本目的。

锻炼班干部自己解决问题的能力

要培养学生独立的工作能力，就应该充分信任学生，信任班干部，大胆放手让学生自己去管理自己、管理班级，使他们充分意识到班级的事就是自己的事，自己是班级的主人。班干部选拔出来后，在工作中班主任要放手培养使用。他们毕竟还是孩子，工作中难免出现差错，要有计划地培养他们，让他们在工作中锻炼。给他们定工作目标、定计划，然后放手让他们去干。

我们先看下面两个案例：

案例一：

班委会上，班长向班主任报告了这样一件事情：班上的黄同学屡次破坏纪律，被班长早读时点名批评了。之后，黄同学很生气，跟班长闹起了情绪，不服班长的管理，每次扣了他的分，他就和班长顶。班长对班主任说，这种同学真是没救了，老师您好好治治他吧。

班主任经过仔细调查，了解到事情的来龙去脉。原来，当时该生的确存在一些违纪的现象，但是班长的批评方式也有欠考虑和不顾及同学尊严之处，所以才引起两个人的矛盾。班长之所以跟班主任说，显然是来搬救兵的。

班主任想，这次是班长的做法本身就有一些不成熟。如果班干部与学生之间一出现矛盾，教师就出面解决，不仅有偏袒班干之嫌，而且也不利于班干和同学之间的团结，更不利于班干以后开展工作。

于是，他决定把"包袱"甩回去，一方面明确向班长表示，这是班长工作中自己造成的问题，应自己解决，另一方面又给班长鼓励，还给班长提供了一些解决问题的方法。班长若有所思地走了。不久，班主任果真收获了意料中的喜悦，班长和同学间的矛盾迎刃而解，化干戈为玉帛了。

案例二：

刘杰是班级的团支部书记，刚上任时，老师让他主持班会，他感觉无从下手。班主任和他一起设计班会活动方案、让他准备材料，并指导让他调动全体同学共同参与。在老师的帮助下，班会开得很成功。以后，刘杰开始独立组织班团会活动，老师要求他按拟好的提纲或发言稿主持发言；再后来就要求他能根据班会的具体情况，随机应变地即席主持发言，班主任则在班会上做一位细心的听众、观众，协助他做出决策，而不是插手干预，从而使他有了完全放开手脚、施展才华的机会。通过锻炼，刘杰成了一名出色的集体活动组织者，协助班主任把班级活动搞得有声有色。

上面两则案例给我们的启示是：在以学生为主体的管理模式中，班干部遇到问题，教师宜引导而不宜越权解决。

班主任既然要培养学生的主体性，就要大胆放手，锻炼学生干部解决问题的能力。教师的精力和时间都是有限的，不可能大大小小的事情都经教师一手处理。更主要的是，如果教师介入班干部的管理过程中，不仅会妨碍他们能力的锻炼，还会造成班干部与学生之间的矛盾。因此，为了培养学生的独立自主性和能力，班主任不应包揽，而应进行方法技巧上的指导，给予班干部鼓励，尝试着让班干部自己去解决。不管处理得成功与否，对他们来说都是一次锻炼的机会，而所获得的经验或教训，定能引起他们的反思，从而达到自我教育的目的。

提高班干部的讲话技巧

班干部是班主任管理班级事务的助手，培养他们的讲话技巧，可以有效地团结同学，形成优良的班集体，完成各项任务。

1. 要加强班级干部自信心的培养，使其敢于大胆说话

有些班干部思维敏捷，头脑灵活，能标新立异地解决问题，并且学习成绩很好，人缘也很好，在同学中也享有一定的威信，但就是不敢大声说话，尤其是站在全班同学面前，面红耳赤，吞吞吐吐，严重地影响着班级工作的迅速开展。分析他们产生不敢大胆说话的原因，缺乏自信心占主要方面。因此，班主任要加强对班干部自信心的培养，平时多给班干部提供大胆说话的机会，让他们在实践中锻炼。并且，对班干部在表达中的错误要能包容，允许出错，不能当他们一出错，马上就大声批评，这样会挫伤班干部的自信心。

2. 通过与语文老师的协调，努力培养班干部的口头表达能力

例如，语文老师每次上课前要求学生叙述一个小故事，然后逐渐地由自由性叙述向限制性叙述过渡，如给定时间、地点、主要材料或线索等，要求学生加以叙述。久而久之，包括班干部在内的学生组织材料的能力和口头表达能力都会得到加强和提高。班主任可以通过要求班干部对班级工作计划进行详细陈述，培养他们的口头表达能力。在班会上，让班干部面对大家发言，在课堂上，要求学生走上讲台向大家发表自己的观点。在学校的集会上，鼓励班干部在认真准备的条件下，代表班级发言。此外，班主任还应要求班干部自己注意口头表达能力的提高，要求他们通过各种各样的方法和途径进行练习和训练，只有把这一要求转化为班干部的内在需求，才能发挥其积极性和能动性，才能加快其自身能力的提高。

3. 提醒班干部不要说"这事我不管"

当班级工作出现缺口，而这项工作又不是他的本职时，指导班干部不要轻易地用"这事我不管"来推脱。因为在广大学生看来，班委是一个整体，分工不分家，如果班干部工作那么泾渭分明，就会被认为工作不积极、不敢担风险、不敢负责任，或者被认为是班委会有矛盾，不团结，从而降低班委的威信，减小了班委在今后工作中的号召力和战斗力。其实，说"这事我不管"的动机无非有两个：一是自己真不愿意"趟浑水"，想少惹麻烦，二是怕别人认为自己是"狗拿耗子"多管闲事。因此，班主任要对症下药地劝导学生，做班干部就是要为同学服务，就是要当学生的公仆，要有奉献精神。一般来说，一项工作耽误不了多少时间，也耗费不了多少精力。并且，那些风言风语说闲话的人只是极少数，大多数人的心里希望班级工作井然有序，各项工作都有条不紊。班主任还应鼓励班干部，使其相信在出色完成工作后，那些极少数的人也会改变看法。这样，班干部就能争取更多同学的信任和钦佩，留下责任心强、敢于负责、值得依赖的印象。因此，班主任要提醒班干部，即便是自己当时干不了的事，或不属于自己本职的工作，也不要说"这事我管不了"或"这事不归我管"。

4. 提醒班干部尽量少用"这是老师的意思"这样的话

当推行某项工作遇到阻力的时候，当有学生对班主任和班干部共同制订的工作计划有抱怨的时候，提醒班干部不要搬出老师来压人，不要说："这是老师的意思。"因为，在这种情况下，同学迫于老师的威严，可能不再坚持，但心里一定有不服气的。这可能会使班干部的威信受到影响，从而也影响班级工作顺利开展。学生会认为班干部只是老师的一个"传话筒"，而且是"单声道"，只能下行，不能上达。如果真的遇到这种情况，可提醒班干部先退后进，退一步满足同学的某些要求，进一步完成老师交给的任务。例如，一个班干部曾处理过这样一个难题：学校组织看电影并要求写出观后感，但是当天作业特别多，第二天，交观后感的人寥寥无几。这位班干部并没有用"这是学校的要求，老师的意思"来强制要求学生上交，而是同团支部书记商量了一下，把原计划在当天搞的团员活动挪到周末，空出一节课45分钟，让学生统一时间写观后感。这位班干部补充说："这次没按时交观后感的同学虽情有可原，但'罪无可恕'。处罚的办法就是写观后感，只有一节课时间，下课就收稿，看谁写得又好又快。"由于这位班干部能设身处地为同学着想，所以赢得了同学的信赖和支持。

帮助班干部树立威信

班干部是班级工作的组织者，班干部在同学心目中的威信是使工作顺利开展的重要因素之一。如果班干部威信不高，不能将同学组织起来，就会使班级工作受到挫折和损失。那么，该如何树立班干部的威信呢？

一、要引导干部起模范带头作用

要加强思想教育，严格要求班干部起带头作用，使他们认识到干部的一言一行的重要性，做到以身作则，给其他同学做出榜样。

无论是班级还是学校组织的校内外活动，应当带头参加；学校、班级制定的规章制度，要带头遵守；处处、事事，吃苦在前享受在后，而且要带头刻苦学习。这样，班干部就能在同学的心目中树立起良好的形象。

二、要教育干部善于团结同学

班干部能够广泛团结同学，做同学的"知己"，这是在同学中树立威信的重要方法。能够与同学打成一片，更有利于在同学中直接造成影响。班主任要时刻提醒班干部在与广大同学交往中做到"严于律己，宽以待人"，关心、帮助同学，并虚心听取同学的意见。这样，就会得到同学的信任和支持，从而树立起自己的威信。如有的同学因病或因事耽误了学习，班干部就主动地去探望并帮助补课，从而使这个同学在学习上不掉队。那么，不仅被帮助的同学，其他同学也会对干部产生信赖感，干部威信的提高也就有了扎实的基础。

三、要给干部创造施展才干的条件

为促成班干部威信的提高，班主任除在以上两个方面做工作之外，还要随时注意为班干部创造"表现自己"的机会，使他们有更多的机会在同学面前"亮相"。为此，班主任可做以下的工作：

（1）在同学集中的场合，注意表扬班干部，肯定他们对班集体作出的贡献，特别是有关班集体荣誉等重大的工作成绩，要突出给予表扬。要实事求是，用语要恰如其分，不能过分夸大个人的作用。例如，由于体育委员带领同学在体育运动会上获较好名次，为班集体赢得了前所未有的荣誉，班主任就要对其进行突出而又恰当的表扬，肯定其个人的贡献。

（2）班主任要多给具体的工作，如组织一次活动，为班集体做某件事等，用班干部的工作成绩来取得同学的信任。在交待工作任务时，既要有一定的难度，又要适合他们本人的条件和能力。

（3）班主任还要激励班干部在同学面前敢于承担比较困难的工作任务。干部"敢"字当头，更能突出他们的才干和形象，更有利于他们威信的提高。当然，班主任在班干部承担任务后，还应给予具体的指导和帮助。如班集体的勤工俭学活动要到外单位进行联系，由于学生年龄小，社会经验不足，班主任要激励班干部勇于承担，并教给他们方法。这时，接受任务的班干部的形象在其他同学的心目中就会高大起来，一旦成功，就会使其他同学难忘。

总之，只要班主任指导有法，再通过班干部本人的良好表现，提高干部威信的问题是不难解决的。

班干部工作不突出怎么办

不容否认，由于多方面的原因，在干部中，有的人干得很漂亮，而有的人肯定会工作不突出。那么，对于工作不突出的班干部，教师应该怎么处理呢？

我们先来看一位资深班主任的做法：

我刚接任116班的班主任不久，有个班干部找到我，委婉地问我："郑老师，我可不可以换个岗位？"

"呵呵，想换口味啦，有什么麻烦吗？"我开玩笑说。

"同学们觉得我做纪检没有'杀气'。"

"啊！要'杀人'啊！"我故意夸张地说，他不好意思地笑了。

我当面告诉他，其实他担任纪检干部以来，进步很大，能够模范地遵守纪律。开学以来，他每天早操是第一个到操场的，以前的坏习惯，这学期没有了……"我一直想跟你单独聊聊，其实你的表现很不错，控制了自己就是最大的成功。如果每个同学都像你，能够自己带头遵守各项纪律，工作不就好开展了吗？我对你们的工作很满意，放心干吧。我为你骄傲！"得到我的肯定之后，他信心大增，后面的工作就好开展了。期末考试前一个月，我因病请假，但班级纪律评估一直稳居全校前两名。

当然，仅仅是给予精神上的鼓励还是不够的，你还要教给学生适当的工作技巧，要对学生进行个别指导，教给他们开展工作的方法和技巧。由于学生性格各异，心理状态不一，且生活经历与工作能力也有差别，因此工作的开展一开始并不是一帆风顺的。这时，班主任就要适时地进行个别指导，使每一个学生都能做好"三个第一次"，即第一次在大庭广众之下讲话、第一次走上讲台、第一次参加分管工作的讨论。走出了这"三个第一次"，后面的工作就好开展了。

这个案例启示我们，当有班干部工作不突出的时候，不要轻易地撤学生的职务，如果实在不行，就找一个美丽的借口，换一个工作岗位。在变换之前，给班干部一个适应的机会，岗位培训也可以，不要强行撤职，不要不给任何理由就免去班干部的职务，如果这样，教师与学生付出的代价将会是双倍的。

总之，记住下列建议是有益的：

（1）建立一个精神加油站，给每一个学生干部加油。

（2）表扬比批评更能够激发一个人的工作潜力。没有人天生就是优秀的管理人才，更何况这些孩子才多大？当一个人处于低谷的时候，激励很重要。

（3）必要的岗位培训是需要的，它可以让班干部更有工作经验和工作能力。

（4）如果实在不行，可以找个美丽的借口，把干部队伍适当地调整一下。

抓好团支部组织建设

中学团支部作为团的基层组织，有着明确规定的工作内容和自成体系的工作方法。新时期，中学生的心理、生理、思想等方面呈现出了新的特点，新形势和新任务对中学共青团的工作提出了新的要求。因此，对新时期中学共青团工作进行及时的指导显得非常重要。

1. 团支委会的产生

团的支部委员会由团支部大会民主选举产生，每届任期一年，改选一般在期末或开学初。选举前，上届支委会要认真总结工作，向支部大会报告，听取团员意见。团员对候选人名单要充分酝酿，采用差额选举办法，无记名投票。

高一新建团支部，可由学校团委与班主任协商指定临时支委会，一至两个月后举行民主选举，产生正式支委会。

团支部选举要在学校团委领导下进行，选举结果要报团委批准。

团支委人数一般 3～5 人设支部书记、副书记、组织委员、宣传委员（具体设置可根据班级实际情况而定，如副书记可由组织委员或宣传委员兼任）。

2. 支委职责分工

（1）书记。

负责团支部的全面工作。及时传达上级团组织的文件和批示精神，及时向上级团组织反映情况，请示和汇报工作；结合实际情况，研究安排团支部的工作，制订支部工作计划（一学期一次，在学期初制订），交支委会讨论通过；负责定期总结工作，向支部大会汇报；主持支委会和团支部大会，抓好支部班子建设；同班委会保持密切联系，交流情况，促进团的工作。

（2）副书记。

协助书记工作，书记不在或缺席时，代理书记工作。

（3）组织委员。

了解培养学生积极分子的情况，提出发展新团员意见，具体办理接收新团员手续；了解团员的思想、工作情况，搜集整理团员的模范事迹，建议支委会对团员进行表扬和奖励，对违反团纪的行为进行批评教育，并提出处理意见；引导青年学习成才；做好团员统计，按时收缴团费，办理团员转移组织关系的手续。

（4）宣传委员。

负责团员和学生的思想教育工作。组织团员学习，搞好宣传鼓励工作，表扬好人好事，批评不良风气，办好板报、墙报和活动阵地，协同班委开展各种学习和文体娱乐活动。

3. 团小组建设

在团支部内成立团小组。团小组的划分，由支部委员会讨论决定，不需要经上级团组织批准。

划分团小组，要注意灵活性，以便于开展团的活动，以便于团员发挥模范带头作用。不追求整齐划一的组织格局，可以实行多种团小组形式并存，从而保证团小组与团员工作、学习有足够的空间、时间，使活动与团员的兴趣爱好、年龄特点结合起来。

为此，团支部内团小组的划分可以有以下两种形式：

一是根据团员在学习、生活中所处的空间环境来划分团小组。例如，按班级中的各种学习小组来划分、住校学生以寝室为单位划分等。

二是按团员的兴趣爱好来划分团小组。在一个支部内，团员的兴趣爱好非常广泛。在划分小组时，把兴趣爱好相近的团员组成一个团小组，其认识和行动容易取得一致，这样可以较好地开展活动，也有利于团组织把握活动方向。

培训好学生团干部

中学团员人数较多，团的各级组织都较为健全，团的活动主要依靠中学生团干部来组织安排完成。因此，团干部的培训工作也是团组织建设中一项重要的工作。针对中学情况，对团干部的培训工作应从以下四点入手。

1. 时间安排

中学生以学习为主，日常教学安排紧凑。因此，团干部的培训可以放在开学初或期中考试后，合理利用学生的课外时间。

2. 培训内容

（1）坚定的政治信念教育。

通过对政治理论的初步学习，培养团干部的共产主义道德；学习共青团知识，增强对共青团工作的事业心和责任感。通过以上内容的学习，使广大团干部树立坚定的政治信念，热爱团的工作。

（2）心理素质教育。

中学团干部基本上都由中学生来担任，是学生团员的直接组织者和带领者，传授心理学的一些基本内容给他们，并通过实践活动培养团干部坚定的信念，较强的逻辑思维能力，稳定的情绪，宽阔的胸襟，冷静、果断、干练的作风等。

（3）科学的工作方法教育。

一切从实际出发，实事求是；努力为广大学生服务，树立良好的服务意识，做学生的知心人，了解并帮助他们处理遇到的困难；处理学习与工作的关系，把学习文化课知识和团的工作统一起来，合理安排工作和学习的时间。

3. 培训方式

依据中学生的特点，采取团课形式，集中团干部统一学习：举行团的活动，让团干部参与组织协调，活动完后交流心得体会；让团干部充分发挥主观能动性，自己设计团日活动，在实践中锻炼工作能力。

4. 推优入党

共青团是党的事业的重要组成部分，肩负着为党培养和输送先进青年的任务。中学团委应积极主动向同级党组织汇报团员的思想动态，在党组织的指导下设立业余党校，组织高年级积极要求进步的青年团员参加，让他们了解党的知识，引导他们积极向党组织靠拢，树立坚定的政治信念。团委对表现突出的青年团员进行严格考察，向党组织推荐积极要求入党的青年团员人选，做好党的后备力量发展工作。

搞好青年志愿者活动

中国青年志愿者行动适应当代青年自主意识、参与意识日益增强的特点，在全社会弘扬"奉献、友爱、互助、进步"的志愿者精神，倡导时代新风正气。因此，在中学中开展青年志愿者活动有极强的教育意义。具体做法包括以下两方面。

首先，积极向中学生宣传青年志愿者行动的宗旨，引导他们成立青年志愿者协会，在此基础上实行加入者注册制度，使活动有组织、有计划地开展。

其次，通过义工和成人预备期志愿服务来开展符合中学生特点的活动，设立义工制度，弘扬新时代服务于他人、服务于学校、服务于社会的奉献精神，由学生自愿担任义工进行义务活动；成人预备期志愿服务是紧密结合 18 岁成人仪式教育活动和中学高年级学生年龄特点开展的活动，在 16～18 岁的中学生向成年公民成长这个关键时期，组织青少年参加志愿服务，把进行公民意识教育和引导他们履行公民义务统一起来，寓教育于服务之中。

活动内容可以从以下四个方面选择：

（1）保护母亲河植树活动；

（2）维护校园环境，清除白色垃圾；

（3）在学校举行的运动会、科技节、艺术节等大型活动中担任志愿服务者；

（4）开展主题教育，引导学生在国家民族危难中挺身而出，奉献自己的青春和智慧。

另外，结合学校所在地区特点和时事特点，还可以开发其他内容。

明确少先队的职责

少先队是中国少年儿童的群众组织，是在中国共产党的直接领导和关怀下，在中国共产主义青年团的带领下建立和发展起来的。它是少年儿童同龄人的"小社会"，有自己的领导体系、选举和奖惩制度，有自己的纪律、作风及队员的权利、义务和章程。在这个"小社会"里，少先队员通过活动学习自己管理自己，在活动中学习做自己组织的小主人。

严密的组织机构保障了少先队组织的战斗力。一般情况下，小学设专职大队辅导员一名，高、中、低年级设兼职年级辅导员各一名，以班级为单位设中队辅导员各一名（为了便于对学生的教育和管理，中队辅导员和班主任老师往往合二为一）。学校设立少先队大队部，以班级为单位建立少先队中队，中队根据班额、开展活动等实际情况设立少先队小队若干个。大队辅导员组织年级辅导员建立少先大队委员会（一般 11 ～ 13 人），选举产生少先大队干部、大队部下设的各年级段少先队级段长（各一名），中队辅导员组织选举产生各中队的中队长和小队长。少先大队辅导员和年级辅导员可以采取竞争上岗和学校选派的办法产生。学生干部一般由学生选举产生，中队和小队干部应该采取轮换制，轮换期限和方式由各中队自行决定。此外，小学还应聘请校外教育辅导员。

少先队的工作光荣而艰巨，少先队工作人员及少先队干部做好本职工作首先要了解整个少先队的职责系统。

1. 少先队工作的职责

（1）学校少先队组织应当团结教育全体队员，按照党的教育方针和培养目标，努力做到思想好、学习好、身体好。

（2）加强少先队的组织建设和思想建设，建立健全组织制度，壮大少先队组织。

（3）协助学校开展有益于队员学习的活动。

（4）办好学校黑板报，做好宣传工作。

（5）开展课外活动。

（6）联系、协调校外教育机构。

（7）组织开展队会、队日活动及少先队员主题教育活动。

2.少先队辅导员的职责

（1）少先队总辅导员职责：①负责本地区少先队工作计划、重大活动的研究制定。②负责对下级辅导员工作上的指导和业务上的培训。③负责了解、掌握少先队工作和少年儿童的情况，了解辅导员的工作、学习、生活情况，并及时同有关部门协商解决工作中存在的问题。④负责向学校及上级的行政、党、团组织反映少先队工作状况及少年儿童的教育情况，并及时提出改进少先队工作的建议。⑤负责检查落实各学校少先队工作、学习、活动开展情况，并及时上传下达。

（2）少先队大队辅导员职责：①坚持以共产主义思想教育少年儿童，全面关心少年儿童的成长，引导他们听党的话，做全面发展的社会主义事业接班人。②根据少先队工作特点，围绕学校工作重点，组织实施各种教育活动，培养少先队员初步具有"五爱"的思想感情和良好的品德。③不断进行少先队知识教育，使其热爱少先队，执行队的决议做队组织的小主人。④根据学校工作计划，制定少先队工作计划，指导大队委员会开展丰富多彩的教育活动，协助学校组织课外公益活动、科技和校外教育活动。⑤聘请中队辅导员、指导制定中队工作计划，指导他们开展中、小队活动。⑥配合学校，定期进行"好"学生和文明班集体、优秀中队的评比工作。组织中队辅导员交流辅导经验，评比优秀辅导员。⑦加强少先队阵地建设，建立健全队室，组织红领巾广播站、值日检查、少先队板报、鼓号队等，并检查指导各中队的教育阵地。⑧深入教学第一线，每周兼课六节以上。⑨做好少先队组织发展工作。

（3）少先队中队辅导员职责：

①指导本中队少先队工作，指导中队委员会落实大队委员提出的工作部署。②制定本中队的工作计划，指导中队开展各项活动。

③指导中队委员会开好队会和少先队主题教育活动。④帮助搞好中队干部的选拔和培养,帮助中队委员会搞好队组织发展和队员的思想教育。⑤定期向大队辅导员汇报本中队工作开展情况。⑥指导本中队的各种比赛活动以及中队日常工作。

(4)少先队校外辅导员职责:

①配合学校大、中队辅导员向少先队员进行思想政治教育。②配合学校大、中队辅导员组织少先队员开展队的活动,与少年儿童交朋友,维护少年儿童的合法权益。③积极争取本系统、本单位和有关部门的支持,为活跃少先队活动创造条件。④因势利导,做好个别少先队员的教育转化工作。

3. 少先队干部职责

(1)大队长职责:召集并主持队委会、中队长联席会,负责组织制定工作计划和进行工作总结,负责上传下达及检查决议执行情况,帮助中队长做好中队工作,负责组织大队活动,召开队员大会,培训积极分子。

(2)副大队长职责:在大队长领导下,协助大队长做好大队工作,负责整理保管大队的文件和资料。

(3)大队组织委员职责:负责做好组织教育工作,组织队员学习队章,普及少先队基本知识;负责少先队的组织发展工作和超龄队员的离队工作;负责队室布置和有关资料保管;负责接转队员组织关系和统计报表工作;负责做好评比奖励工作。

(4)大队学习委员职责:负责开展各种知识性活动;负责开展各科学习竞赛和智力竞赛活动;负责帮助队员提高学习成绩;负责反映队员学习上的建议和要求。

(5)大队宣传委员职责:负责组织广播、黑板报、墙报等宣传阵地工作;负责组织培训,组织"小记者团";负责宣传国内外大事、宣传少先队员的好人好事等；宣传红领巾读书读报活动，做好订阅报刊的工作。

（6）大队旗手职责：旗手是指在队伍前打旗子的人。少先队旗手，在大队会上执旗，负责出旗、退旗，大队旗手负责训练中队旗手；负责保管队旗和鼓号并与文娱委员配合，主持鼓号队的组织培训工作；负责管理大队材料，及"光荣册"、"少先队荣誉室"和"队室"。

（7）大队文娱委员职责：负责组织大队的文化娱乐活动，向中队推荐好的歌曲、舞蹈和游戏；负责训练文娱骨干，领导文艺小组和红领巾合唱团；负责大队文艺汇演工作，与旗手配合组织训练鼓号队；负责保管鼓号和文娱用品。

（8）大队体育委员职责：负责组织大队体育游戏和体育活动；负责培训体育骨干，领导体育兴趣小组和各种球队；负责做好大队运动会工作，主持红领巾体育节、游戏节等。

（9）大队劳动委员职责：负责大队的种植、饲养、工艺等活动；负责组织社会公益活动；负责组织卫生检查评比工作；负责做好队员的劳动教育和自我服务的宣传工作。

（10）中队长职责：负责召开并主持中队会议、队委会、小队长联席会；负责制定计划和检查决议实施；负责组织开展中队活动，加强横向联系，搞好各项活动。

（11）中队学习委员职责：负责在中队开展各种知识性活动；负责中队图书管理及课外阅读活动；关心组织中队队员的学习，以及反映队员学习上的意见。

（12）中队宣传委员职责：负责办好墙报、黑板报；负责中队报刊订阅工作；负责组织中队的读书阅览工作；负责组织中队队员观看电影及评论活动。

（13）中队组织委员职责：负责中队的组织发展工作；负责组织

教育工作；组织中队学习队章；普及少先队基本知识，填写队员统计表；负责检查中队队员队纪情况。

（14）中队文娱委员职责：负责中队的文娱活动及季节性、节日性的文娱活动的组织；负责推荐好的歌曲、舞蹈；负责保管中队文娱活动用品。

（15）中队体育委员职责：负责中队的体育活动，组织各种球类比赛及游戏活动；负责组织中队队员参加大队组织的体育活动；负责中队的季节性、节日性体育活动；负责保管中队体育活动用品。

（16）中队劳动委员职责：负责组织自我服务性劳动；负责组织校内、中队及社会公益劳动；负责组织各种劳动竞赛；负责检查督促队员参加家务劳动情况。

（17）小队长职责：负责了解小队情况，制定小队计划；负责组织小队决议和带领队员完成任务；负责组织小队开展活动、维护小队利益；负责向中队组织反映小队情况。

加强少先队的组织教育

少先队的组织教育是全面提高少先队员素质的重要保证，目的是团结引导全体少先队员生动活泼地主动发展，使之成为全面合格的小学生。

少先队组织教育的主要内容包括：

1. 使少先队员知道，中国共产党是少先队的创立者和领导者，党委托中国共产主义青年团直接领导少先队工作。要教育少先队员热爱党、热爱祖国。

2. 使少先队员知道，少先队是一个有光荣历史的少年儿童组织。教育队员继承少年儿童组织的优良传统，珍惜少先队的荣誉。

3. 使少先队员知道，为什么少先队以"先锋"为名称，教育少先队员以革命先烈和前辈为榜样，继承他们的革命事业。

4. 使少先队员知道，少先队是少年儿童自己的组织。教育他们遵守纪律，服从队的决议，积极参加队的活动，做好队交给的工作，热心为大家服务。队员们要互相关心和帮助，共同进步，维护少先队的荣誉。

5. 使少先队员知道，入队的目的是什么，队旗、红领巾、队的口号、队礼和队的作风等的意义，启发他们的荣誉感和自豪感，时刻记住自己是少先队员。

以上五方面的教育内容，是互相联系不可分割的。

少先队的组织教育要通过丰富多彩的队活动来体现，避免说教。活动是少先队教育的基本形式，通过队活动进行各方面的教育，要运用具体生动的事例、灵活多样的方式进行教育，尤其要注意组织教育要贯穿到日常生活和活动之中。无论是对少先队员进行组织教育还是组织少先队活动，都要及时、恰当地运用表扬和奖励。少先队表扬和奖励的方式和方法没有统一的规定，可以把集体的优秀事迹和队员的优秀事迹记在大、中队的"光荣簿"上，也可以在集会上口头表扬，还可以发给奖状、或给予一定的物质奖励，等等。但要注意对少先队员的表扬和奖励要及时，实事求是、恰如其分；要给队员发表意见的机会；要经过大、中队委员会讨论通过，并向大、中队全体队员宣布。

班干部的产生

一、班干部的作用及意义

如果把一个班集体比作一列火车，那么班干部就是引导这列火车前进的"火车头"。

俗话说："火车跑得快，全靠车头带。"要把一个班集体建设成为一个坚强向上、团结友爱的班集体，光靠班主任一个人的力量是办不到的，必须要有一个坚强的领导核心，这个核心就是一批团结在班主任周围的得力班干部。

班干部是在班主任的组织下，由全班同学选举产生的（新生入校时临时班委由班主任指定的情况除外），班干部从同学中来，了解同学的所思、所想、所做，他们在调解纠纷、促进同学相互沟通方面发挥重要作用。在他们的带动下，整个班级具有凝聚力，团结一致地为实现班级目标而努力；在增强班级凝聚力的同时，班干部还在营造良好的班级学风，在班内形成"比、学、赶、帮、超"的良好学习氛围，杜绝逃课、抄袭、考试作弊等不良现象方面有着重要影响。另外，班干部还可以积极向老师及学校反映同学的意见与合理要求。班级是学校各项工作、活动的执行体，班干部应配合学校的工作，鼓励、组织同学积极参与。

总之，班干部是带动全班同学奔向共同奋斗目标的"火车头"。在班内选举班干部，是学生进行自我教育、自我管理的良好形式，班干部能够团结全班同学共同进步，在贯彻执行学校和班主任意图方面发挥着桥梁和纽带作用。

二、班干部的产生方式

班干部产生的形式是多种多样的，归纳起来大致有以下五种：

（一）班主任委任制

由班主任直接指定班内几名学生担任班干部。这种方式是最常见的，特别是在低年级，这种现象更为普遍。

这种方式，班主任的意图能得到充分体现，有利于确定班主任在班集体中的权威地位，有利于班集体活动计划的落实。但是这种方式不利于广开人才之路，易限制学生"主人翁"精神的发展，容易形成班干部与学生之间的情感隔阂；引导不当易导致班干部"全心全意为大家服务"思想的淡漠，不利于班干部的成长。

（二）民主选举制

班主任利用班会时间组织学生进行民主选举，首先让学生谈谈对这次选举的想法和愿望，再组织学生自由介绍他（她）所了解的某同学的优点，提供给大家作参考，最后由学生主持选举，完成写票、投票、唱票、监票等工作。选举揭晓后，当选的干部即兴发言。

（三）自由竞争制

这种方式是由班主任公布班干部候选人的资格、条件和竞选的具体要求与安排，然后由学生根据自身条件，对照要求拟定好讲演稿，内容是介绍自己"施政设想"、打算及个人兴趣、爱好等；接着召开演讲人会，候选者登台演讲；最后候选人进行辩论，辩论得胜者当选。

自由竞争制度创设了自由平等竞争的气氛，能够充分调动学生"参政议政"的积极性，有助于克服班主任的主观主义和包办代替的现象，使各种人才脱颖而出，建议采用。

（四）干部定期轮换制

这种方式是通过民主选举制或自由竞争制和民主选举制相结合的方法选出每一届班委会，然后定期（一个月或一个半月）改选班委会组成人员，原班委人员可有一人不动，带领新成员。在学习的几年中，全班学生都有机会在班上任职。

这种方式的优点在于每个学生在其任职期间都能把自己最大的力量献给集体。在工作中，学生们锻炼了自己，教育了自己，提高了自我管理和班级管理的水平，使得班集体在每一阶段的工作中，都显得生机勃勃。学生在进步，班集体也在进步。

（五）轮流值日班长制

这种方式是每位同学轮流"当家"，负责班集体一天的日常工作。"当家人"要向全体同学提出自己一天的管理目标，进行一日的总结，有表扬有批评，对好事或问题进行评议，对问题提出解决办法，对下一任"当家人"提出希望。

这种方式让每一位学生都有锻炼的机会，让学生自主管理，加强了学生的自主意识，增长了才干，增强了对集体的使命感和责任感，从而加快了集体前进的步伐。

总之，干部产生的方式是多种多样的，由于学生的实际情况不同、年龄不同、班级的基础不同等因素，学校和班主任应采用灵活的方式方法来确定班干部组成人员。

当然，任何一个班集体的创建，只依靠少数几个班干部和大多数学生仅有的几次锻炼机会是不行的，在平时，班干部还必须充分调动广大同学的积极性和创造性。为此，班干部可以采用如下一些措施：第一，设立"民主箱"，欢迎人人为集体提意见；第二，班干部要广交朋友；第三，班干部可以根据工作需要从同学中聘请小参谋、小助手。

三、班干部的选举规程

班干部的选举工作，主要是指班内同学在班主任或前任班干部的主持下，民主选举班干部代表大会代表的工作。进行班干部选举，是体现班内民主集中制的一种重要形式，也是反映同学们的个人意志，是每个同学的神圣权利。应该按照严格的选举规定，严肃、认真地组织好选举的全过程。

（一）遵循原则

根据学校的有关规定，在班干部选举工作中，必须遵循以下原则。

1. 按期选举

由全体同学选举产生的班干部，每届任期一年或半年，具体情况视学校、班级的不同而不同。班干部任期届满应及时进行换届选举，一般情况下不得提前或推迟。如果因特殊原因需要提前或延期进行换届选举，应报班主任批准。

2. 按同学们的意志进行选举

班内每一位同学都享有表决权、选举权和被选举权。选举要充分尊重和保障每一个同学享有的民主权利，充分体现选举人的意志。作为选举人，同学们有了解候选人情况，要求改变候选人，不选举某个候选人和另选他人的权利。学校和教师不得以任何方式强迫选举人选举或不选举任何人。

3. 按规定程序进行选举

选举必须按学校或班内有关规定的程序实施，选举前要充分做好准备，不得仓促进行。候选人名单要由同学们充分酝酿讨论，并根据多数同学的意见来确定，防止由少数人说了算。选举应按照规定的程序进行，不得随意删减。

4. 按选举纪律进行选举

所有班内同学必须遵守选举纪律。学生必须参加选举的全部活动，有特殊情况者除外。在选举中，绝不允许拉帮结派，不得私下做"工作"拉选票。绝不允许追查选票、虚报票数及打击报复等做法。对于违犯选举纪律、破坏选举活动的人，必须按其情节轻重给予严肃的批评教育乃至班纪校纪处分，确保选举工作的正常进行。

（二）准备工作

班干部选举是班级活动的一件大事。只有做好充分的准备，才能保证选举的高质量。

1. 选举教育必不可少

要组织同学们学习有关选举工作的规定和要求，讲明选举的意义和做法，讲明选举纪律和规程。教育同学们正确行使民主权利，积极参与选举活动。

2. 征求同学们的意见

班主任或前任班干部在选举前要向班内同学讲明本次选举的依据、准备情况和确切时间，为了公平公正起见，候选人名单也应当征求同学们的意见。

3. 确定候选人

候选人必须由班内同学充分酝酿讨论，其形式可以先由班主任或前任班委会研究提名，与同学们进行酝酿讨论；也可以先由每位同学提名，班主任或前任班委会集中各同学的意见，经过认真考虑后提出。候选人名单不能由班主任或前任班委会擅自决定。在考虑和确定班干部候选人时，应充分考虑工作需要、工作能力和政治思想表现。上届班委会成员不应成为当然的候选人。必要时可通过预选来确定候选人。候选人数应超过应选人数的 20% 以上。

4. 设计和制作选票

选票应为同一纸型，同一颜色，不得编号和作标记。候选人名单应按姓氏笔画为序排列；如果候选人是经过预选产生的，也可以按预选中得票多少为序排列。选票可以是空白纸，但必须将候选人名单写到黑板上或大纸上。有条件的可将候选人名单抄（印）到选票上，但应留出一定的空格，供选举人另选候选人之外的人员时填写。

5.会场布置及票箱设置

选举会场布置要庄重，有条件的还可悬挂红布会标，在黑板上写明"××班班干部选举大会"大字，会场要设置规格适当的票箱，将票箱放在醒目的地方。

（三）选举程序

班干部选举工作，应按规定的程序组织实施，以保证选举的规范性和有效性。其一般程序为：

1.宣布开会

由选举主持人（一般由班主任担任）讲明参加选举的同学人数，说明本届班委会成员总人数，本班学生应到多少人，实到多少人。参加选举的同学人数超过本班学生总人数的 4/5 以上，即为达到法定人数，可宣布进行选举。否则，选举必须改期。

2.宣布选举办法

由选举主持人介绍学校和本班关于选举问题的规定，说明本次选举采取的方式方法（是经过差额预选，然后再进行正式选举，还是直接进行差额选举），讲清注意的事项等。

3.候选人介绍

可由主持人逐个介绍候选人的基本情况，思想政治表现和历年来受到的班内外的奖惩情况等，也可由候选人进行自我介绍。候选人应如实回答选举人所提出的有关问题。最后对候选人逐个表决通过。

4.确定监票人、计票人

通常推选监票人和计票人各 1 至 2 名（候选人不能担任）。可以在选举会上直接提名通过，也可以先由选举主持人提名，再由参加选举同学举手表决通过。监票人的职责是受选举人的委托，对发票、投票和计票进行全程监督，并向大会宣布选举结果。计票人的职责是在监票人的监督下进行分发和计算选票的工作。

5. 填写选票

计票人在监票人的监督下，准确地核对选举人数和选票数，使票数与人数相符，然后分发选票。选举人在填写选票时不得签署自己的姓名，只填写自己同意的候选人的名字，或是在选票的候选人名字上画出同意或不同意的符号，也可以在选票上写上候选人之外的自己想选的人的姓名及相应的符号。每张选票上所选的人数只能等于或少于应选人数。如果所选人数多于应选人数，该选票即为废票。

6. 进行投票

在全部选举人都填写完选票后，由监票人在计票人的协助下当众检查投票箱并进行封闭，而后开始投票，先由监票人和计票人投票，而后在监票人的监督下，由选举人逐个依次进行投票。

7. 计算票数

投票完毕，计票人在监票人的监督下，当众启封投票箱，先清点核对票数，所收同的票数等于或少于实发选票数，即为选举有效；如多于实发选票数，则选举无效。检查清理选票，如选票所选人数多于应选人数即为废票，应予清出。对有效选票进行计算，赞成数超过实到有选举权人数的一半，即为当选。如超过半数以上人数大于应选人数时，则应从最高得票算起，取够应选人数为止。计票结果应向监票人报告。

8. 公布结果

由监票人当众宣布本次选举共发出、收同、有效、作废各类选票的数量，宣布本次选举是否有效。公布各候选人所得票数以及候选人名单以外各个人的得票数。说明最高票数、最低票数。超过半数以上票数的具体情况。由大会主持人根据得票情况，宣布当选人名单。

（四）后续工作

选举大会之后，要紧接着做好有关后续工作，以保持班委会工作的连续性。

1. 进行新一届班委会的工作分工

选举结束之后，新选出的班委会要立即召开第一次会议，选举或协商确定班委会各成员的工作分工。

2. 将选举和分工结果呈报班主任和学校

选举结束后，班委会要尽快将选举结果，新选出的班委会的分工情况，及时呈报班主任和学校，以便今后工作的开展。

3. 做好落选同学的思想工作

由于实行的是差额选举，选举中必然会有落选的情况。班主任或新任班干部要及时做好落选人员的思想工作，帮他们多从自身找原因，正确看待选举，正确认识自己的不足，及时解开思想疙瘩，引导他们继续努力，再接再励。

4. 组织班委会学习有关班干部工作知识

班主任或班长要组织新当选的班委会一班人学习关于本班的建设的班规班纪，学习各班委的工作职责和有关办事程序，提高班委会成员的责任心和处理问题能力，树立班委会成员良好的整体形象和集体威信。要调动每个班委成员的积极性和负责精神，使新班子顺利地跨出第一步，使全班成员从新班子身上看到本班前进发展的光明和希望。

班干部在班集体中的作用

一、班干部是班内同学的"服务员"

身为班干部要对班干部这个职位保持清醒的认识，要明白班干部与其他种类干部不同，它不是一种职业，而是一种学习岗位；班干部在上岗前未经过专业训练，而是在实践中边学边干，在实践中增长才干；班干部以完成学业为主要任务，兼任一部分班内工作；班干部的劳动是义务性质的劳动，没有任何报酬，他们的角色定位为班内学生和同学们的"服务员"。这种定位就要求班干部必须牢记以下四点：

1. 班干部首先要保证自己是优秀的

这是建立威信的第一步。凡是要求同学做的各种规定你要率先做到，如学习要优秀、遵守纪律、诚实认真等，只有在班内众多的学生中脱颖而出，你才有资格当班干部，这也是最基本的要求。

2. 班干部要力求上进

身为班干部应时刻告诫自己"你是领导者""你不应流于一般"，这意味着提高标准。当你明确了你的追求，就该无怨无悔地对自身"高标准，严要求"，这样才会真正进步，充分得到磨炼，上进心是你进步的动力。

3. 班干部要谦虚，戒骄戒躁

尽管你成为佼佼者，可能有着过人之处，但是，并不说明你事事可以应付自如，因为你经历的事还很少，即使经历也未必成为经验。你不可能把微不足道的一点体会当作资本，这也是不现实的。所以，要谦虚，戒骄戒躁。只有学习再学习，实践再实践，学习和实践的不断积累，才会使你变得越来越优秀。

4. 班干部要有扎根集体为集体服务的意识

班干部做得最不成功的莫过于游离于集体之外。有人认为好歹这是个官儿，于是打官腔、摆官架、显官形、带官样。这种沾染世俗迂腐的风气在校园是不相宜的。因为，班内管理是学生自己管理自己，是一个相互促进的过程，应注重群众性，强化参与意识，要提高整体素质，增强青春活力，提倡集体主义，而不是自由主义和个人英雄主义。

二、班干部要成为班级管理工作的骨干

骨干是指在团体中起主要作用的人。班干部是班级组织中积极进取、学习表现比较优秀、活动能力较强的一部分学生。他们的骨干作用体现在以下四个方面。

1. 组织领导作用

班干部是班级学生组织各项工作的领导者和组织者。他们在班主任的领导下，以身体好、学习好、工作好为目标，以学习为中心，以提高学生综合素质为重点，根据学校有关工作要求和本班学生特点制定工作计划，生动活泼地开展思想性、教育性、知识性较强的活动，带领学生争先创优，全面提高思想政治素质、智能素质、专业文化素质、身体素质和心理素质。

我们原来有一个错误的认识，认为班干部是班主任的助手，实际上是颠倒的，班主任应该成为班干部的助手，这样才能充分体现学生的自主性，同时给班干部提供了足够的发挥自己才华的空间。

2. 榜样示范作用

班干部是通过同学、教师推荐或自荐竞选产生的。班干部虽然担任一定的职务，但是，他们毕竟是学生，他们的威信不是通过职务和权利树立，而是通过自己的模范带头作用和良好的形象建立的。班干部要很好地履行自己的职责，必须严格要求自己，在学习工作生活中时时处处率先垂范，要求其他同学做的，必须自己首先做到；要求其他同学不要做的，自己坚决不做。这样，才会得到同学们的拥护和支持。班干部的榜样示范作用在学生中具有很大的影响。班干部率先垂范，能把广大同学团结起来，形成一个团结、健康、奋发向上的群体，

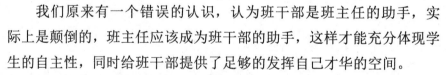

有计划、有目的地完成各项教育教学任务，有利于学生的德智体全面发展，有利于良好的学风、班风、校风的建设。但是，如果班干部不能以身作则，将产生极坏的影响。

3."三自一助"作用

"三自一助"是指班级学生组织开展自我教育、自我管理和自我服务活动，在学校教育管理中充分发挥助手作用。班干部也是学生，最了解学生真实的思想和表现、具体的疾苦和困难、迫切的要求和心愿，教师的教育工作要取得较好的绩效，往往离不开班干部的帮助和支持。因为教师无论怎样与学生打成一片，都难以全面、彻底地了解学生的实际情况，教师要更有针对性地做好学生工作，为学生及时地排忧解难，充分满足学生的合理要求和心愿，必然需要班干部提供学生们的真实情况。从而对学生中存在的问题能够及时发现、处理，把事件处理于萌芽状态，有利于问题的迅速控制和解决。

以上四方面表明，班干部是学校教育管理系统中的重要角色，其重要作用决定了他们在学校教育管理系统中的骨干地位。

4.桥梁纽带作用

班干部的桥梁纽带作用是指班干部通过一定的途径，把学校的有关政策、要求和信息及班主任的指示和要求传递给同学们。同时，又将同学中的问题、意见和建议向学校和班主任反馈。班干部是学校班主任及各位老师与学生之间的桥梁和纽带，起着上情下达和下情上传的作用。班干部经常与学校有关部门的领导和老师接触，比较了解学校的各项工作部署及其他信息，发挥着沟通学校领导及校内各职能部门与同学们之间的信息，及时向同学们传递上级领导和学校的意图，并组织同学们贯彻执行的作用。同时，他们又将班内学生的思想、学习、生活状况和意见、要求、建议，及时向学校有关领导及其职能部门反映，为学校领导和老师的正确决策和改进学校教育管理工作提供有效信息。

三、班干部的具体职责

（一）协助班主任日常管理

实现对班级的日常管理，必须建立一支负责的、有效的班干部管理队伍，逐步实现学生的自我管理。除采用班干部民主差额选举、定期目标轮换的方法外，还应以班规、班训作为这个管理的工作目标和原则，以"班集体的利益为先，个人利益服从班集体利益"作为自己工作的动力，鼓励他们独立自主地大胆工作，发挥学生参与、从事班集体管理的潜在积极性。班主任则只为班集体的日常管理起导向和调节作用。这样，班主任就可以从复杂的事务中解脱出来，省出更多的时间和精力研究落实日常行为规范的途径和方法。

（二）落实班规班纪

良好的制度、纪律既是形成良好班集体的根本保证，也是衡量一个优秀班集体的主要标志之一。班级制度和纪律要以学生守则与教育目标为指导，以班级特点和学生情况为依据。在形式上，既要有具体的条文规定，也要有一般的方向性指导。班干部要时刻对制度纪律的执行与遵守情况密切关注，认真贯彻落实，同时要引导学生进行自我监督和相互督促，公正无私，奖惩分明。只有这样才能保证制度落实，是非清楚，但应当慎重考虑赏罚的方式。

（三）组织班级活动

班集体的各个成员除了完成各自的学习任务外，还应当积极投身到集体的各项活动中去。一般来说，班干部应当直接参加学生的游戏活动，带领学生编辑墙报等等。班干部应当根据本班同学的活动能力，给予不同程度的指导，要抱着认真负责的态度，目的明确地对待这些活动，以培养学生的责任感。对班级之间进行的比赛，班干部要给予热情的关注，并且要始终和学生在一起，同忧共喜，为集体的荣誉作出努力，以便真正地形成学生对集体的荣誉感。

（四）关心班内同学

班级中每个学生都有自己不同的发展经历和特点，学习、心理、思想各方面的差异有时是显著的。忽视这种差异就不能使集体保持生机勃勃的统一性，只会单一和呆板。因此，班干部必须深入了解不同学生在不同方面的一般情况，从而建立学生的信息档案库，以便有效而顺利地进行常规管理。这种信息档案库大致包括下述内容：学生的家庭情况、主要经历，学生的生活习性、一定的个性特点及思想状况、历年的学习成绩及学习特点、身体发育和健康状况、获奖经历、特殊经历等等。

（五）做好班内同学评价工作

班干部要切实做好班内学生的评价工作。学生评价工作是班干部常规管理中的一项重要内容，评价工作是一项严密而又严肃的工作，班干部应当在占有大量材料的基础上，全面而又客观地作出公正的评价，评价一般包括日常评定和期终评定、毕业评定几大类。评价既总结过去，又指导未来。

（六）班干部的具体分工

有班干部组成的班委会是班内日常管理的组织，在辅导员、班主任老师的帮助和指导下开展工作。班委会一般设班长、纪律委员、学习委员、文艺委员、生活委员（劳动委员）和体育委员7人，日常管理中，班干部各司其职，其基本职责分述如下。

1. 班长——班中"顶梁柱"

（1）及时把握班级的学习、纪律、卫生、生活等各方面的情况，准确把握班级学生的思想动态，对于班级中出现的不良的倾向，敢于大胆地展开工作，能真正成为良好班风、学风的带头人。

（2）每周定期向班主任老师汇报班内的情况，做好班级工作记录。

多提合理建议，并协助班主任检查各项工作落实情况。

（3）每两周负责召开一次班委会，总结工作中的成绩和不足，大胆地开展批评和自我批评，并提出今后改进工作的具体意见。

（4）办事公正，不徇私情，密切联系同学，加强与同学的团结，虚心接受同学们的批评和监督，积极开展批评与自我批评。

（5）带领全班积极参加学校组织的活动，带头遵守学校的一切规章制度和《学生守则》。

（6）加强班委会一班人的团结，督促和帮助班委会其他干部把所分管的工作干好。

2. 纪律委员——班中"小包公"

（1）协助班主任、班长抓好班级的全面工作。做好班级学生纪律方面的量化管理工作，并每天及时向班长汇报班级纪律情况。

（2）具体负责班级的纪律工作。成立班级纪律小组，建立班干部轮流值日制度，做好干部的纪律轮流值日安排，写好班级的纪律记录，协助值周班干总结班级情况，解决班级中存在的问题，做好班级纪律量化统计工作并汇报到值周班干处。

（3）负责全班同学的考勤，严格执行考勤制度，敢于负责，不徇私情，做好考勤记录，每周汇总一次，向全班公布后并于每周日晚将出勤簿上报教导处。

（4）为人公正、公平，敢于同班级中的不良倾向和坏人坏事做斗争，工作中能既坚持原则又要注意方法，能够团结全班同学共同创造一个良好的学习环境。

3. 学习委员——班中"学习带头人"

（1）树立全心全意为同学服务的思想，严格要求自己，工作上要尽职尽责，学习上要刻苦勤奋，能成为班级良好学风的带头人。

（2）负责全班的学习工作，组织好学生的民意调查工作。

（3）经常与任课老师联系，注意了解和反映学生对教学方面的意见和要求。

（4）全面掌握本班学生的学习动态，协助班主任老师做好学习常规的制定和贯彻工作。组织学生按时、按质、按量完成作业，督促值日生做好学生作业的收发工作，并完成作业情况统计工作。

（5）组织成立学习小组，负责检查班级学习方面的工作，并把检查结果和学习情况及时向班主任、科任老师汇报。

（6）组织班级课外辅导小组、知识竞赛等活动，善于做好工作。

4. 劳动委员——班中"小蜜蜂"

（1）负责学校劳动、社会劳动的组织、指挥和检查评比工作，明确学校卫生打扫的标准和检查办法，做好劳动督促工作。

（2）每天早晨7：10以前，检查好班级环境卫生和教室卫生，对存在的问题及时责令值日生整改，保质、保量地完成卫生日清扫工作。每到大扫除，做好卫生工作的布置、督促、检查、验收和出勤统计工作。

（3）做好班级卫生的量化管理工作，并及时将每天的卫生检查情况和卫生量化成绩向值周班干汇报。

5. 生活委员——生活"大管家"

（1）树立勤勤恳恳地为同学服务的意识，做好班内生活管理工作，要注意严格要求自己，以身作则，事事起模范带头作用。

（2）负责平时用餐情况的监督工作，发现有乱倒剩饭菜等情况要加以制止。

（3）负责宿舍的量化管理工作，发现宿舍内部及走廊未清扫干净要加以提醒，督促、检查各宿舍的生活情况，对于宿舍中出现的问题能及时发现、整改，并向班主任汇报。

6. 文艺委员——班中"明星伯乐"

（1）在班主任老师指导下，积极配合班长，带领同学们参加学校统一组织的各项文艺活动，提高同学们的艺术修养。

（2）在学校艺术节、运动会等活动中，善于调动全班同学的积极性和创造性。

（3）积极活跃班级气氛，不定期组织同学学唱或演唱歌曲、欣赏音乐，以丰富和活跃校园文艺生活，陶冶高尚情操，开阔艺术视野，提高鉴赏水平。

（4）及时发现班内的文艺人才，向学校推荐。

7. 体育委员——班中"健身顾问"

（1）在班主任、体育老师的指导下，全面负责班里各项体育活动和比赛，活跃同学们的业余生活，增强体质，为将来的学习和工作奠定坚实的基础。

（2）协助体育教师上好体育课，课前、课后整队，组织同学搬运器材，并做好体育课的考勤工作。

（3）负责召集、带领同学们参加早操、课间操、眼保健操。

（4）在田径运动会和各项各类体育竞赛中，组织同学们踊跃报名，并组织选拔运动员，安排好比赛期间的服务，保证运动员在比赛中高水平发挥，争创最好成绩。赛后组织讲评、总结经验、找出不足，使今后举办的各类体育活动更受同学们欢迎。

（5）积极协助体育教师和校运动队教练发现和推荐班级的体育人才。

（6）根据本班具体情况及同学们的要求可组织小型班内篮球等比赛，或与其他班级体育委员协商，在征得学校和班主任同意的情况下，组织班级之间的友谊赛。

（7）负责班里参加学校活动，如集会、外出参观等的整队、带队和维持秩序等工作。

8. 心理委员职责——班中"心理医师"

（1）注重自身的心理健康，保持积极、乐观的心态。

（2）以满腔的热情、真诚的态度对待每一位同学。

（3）自觉学习心理知识、掌握心理方法、提高心理教育能力。

（4）关注同学的心理健康，协助班主任和心理教师开展心理活动。

（5）宣传与普及心理健康知识，提供提高心理素质的途径和方法。

（6）协助心理教师做好学生心理健康状况的调查，建立学生心理档案。

（7）维护本班学生的心理健康，及时发现不良情况，并及时反映给班主任或心理教师。

（8）注意工作方法，与同学保持良好的关系。

（9）工作中严格保守秘密。

（10）完成本职负责的其他事务性工作。

9. 科代表——班中"单项精英"

（1）配合任课教师工作，保证各项教学活动的顺利进行。

（2）成为老师的小助手，帮助老师维持纪律、收发作业本、搬送教具。

（3）想方设法使同学们对该门课程感兴趣，并热情、主动、积极地帮助同学做好该门课程的预习、疑难解答、作业。

（4）当好"桥梁"，把同学的困惑、建议或意见及时反馈给任课老师，把老师的想法、意图转达给学生，努力拉近师生的距离。

（5）帮助该门课程学习困难的学生。

（6）结合该门课程的内容，利用课余时间开展科学探究活动。

（7）带头学习好本门课程。

10. 小组长——班中"一方领导"

（1）督促全组同学遵守学校各项规章制度。

（2）督促全组同学认真学习，积极参加班里的各项活动。

（3）按时收缴本组学生的作业本，并将未交作业的情况告知科代表。

（4）及时向班长或班主任汇报本组同学的学习、生活、思想等情况。

（5）在小组内积极开展丰富多彩的活动。

（6）维护本组同学利益，关心、爱护本组同学，与本组同学相处融洽。

（7）以身作则，带头遵守纪律，维护班集体荣誉。

班干部要具备的素质

一、班干部的政治素质

政治素质是指生活在社会中的每个人进行社会活动所必需的内在的基本条件和基本品质。这也是班干部的根本素质，因为它决定着班干部工作的大方向，班干部一定要立场坚定、是非分明。政治素质主要包括：世界观、人生观、价值观等。

（一）树立马克思主义科学世界观

世界观是指人们对整个世界总的、最根本的观点和看法，是人们认识、改造世界，观察、处理问题的前提和依据。中小学阶段正处在人生观的探索、选择和定向阶段。因此，班干部在学校期间用何种理论作为自己的指导思想，对于人生观的形成起着重大的作用。只有掌握了科学的世界观，才能在探索、选择和定向过程中不迷失方向。马克思主义的辩证唯物主义和历史唯物主义为人们提供了科学的世界观，班干部必须树立马克思主义的科学世界观。马克思主义是对自然界和社会发展规律的最科学的概括和总结。班干部只有掌握和运用马克思主义世界观，才能认清社会发展的客观规律，自觉顺应历史潮流，学会从正反两方面看问题，用联系的、发展的、全面的眼光看问题、做事情。正确处理好如工作与学习、个人与集体之间的关系，带领同学们积极进取、全面发展。

（二）树立"我为人人，人人为我"的人生观

人生观是人们对人生目的、意义的根本看法和态度。人生观是世界观的一部分。中小学期间，学生对新事物特别敏感，对新的理论观点容易接受，很可能同时受到几种人生观的影响。例如，有的同学受享乐主义人生观影响，追求高消费，吃、穿、用都必须是名牌，都必须上档次，够品味；受拜金主义人生观影响，迷恋"金钱第一"，成才意识淡化，糊涂地认为"学好数理化，不如有个好爸爸"，只要家中有钱，就可以买到一切东西；受实用主义人生观影响，追求"分不在高，及格就行；学不在深，作弊则灵"；还有不少中小学生以自我为中心，认为我就是"小皇帝""小太阳"，大家应该为我服务；等等，这些都是错误的人生观。班干部应树立正确的人生观，把"我为人人，人人为我"作为人生观的基本原则，把奉献、创造和奋斗立为终生追求的目标，树立全心全意为同学服务的思想，确立无私奉献的精神，并以自己的模范行为推动工作开展，还要学好科学文化知识，率先垂范，带领同学努力学习，全面发展。

（三）树立马克思主义人生价值观

人生价值观，就是人们对人生目的和实践活动认识和评价所持的基本观点或观念。正确的人生价值标准，应当看一个人在其人生目的、人生理想指导下的行为活动的意义和行为活动的结果。班干部必须树立马克思主义人生价值观，把全心全意为人民服务作为评价人生价值的基本标准，努力在工作学习中实现自己的价值。

二、班干部的道德素质

道德是体现一定社会或阶级的道德原则和规范，并具有稳定性和一贯性倾向的个人道德意识和道德行为总体的根本属性。道德素质是一个综合的范畴，道德素质的内容主要包括社会公德、职业道德和家庭道德。对于中小学生来说，具体要做到：

（一）社会公德

社会公德是反映社会共同利益的社会公共生活准则，是人类社会公共生活中形成的最基本的道德规范体系。社会生活中涉及的公共利益、公共秩序等方面的行为准则，都属于社会公德的范畴。社会公德素质大体包括三个方面内容：日常生活中处理人与人关系的素质；公共场所处理人与人关系的素质；保护环境资源方面的素质。班干部必须做到与同学、与亲友、与他人之间相互尊重，协作互助，助人为乐，维护公共秩序、公共设施、公共卫生和公共安全，保护环境，保护野生动植物，遵纪守法，敢于同歪风邪气作斗争。

（二）职业道德

职业道德是从事一定职业的人应遵循的与其职业活动相适应的行为规范。各行各业都有相应的职业道德规范，职业道德规定从事一定职业的人们应当具备的思想、态度、作风和行为，以待人接物，处理问题，完成工作，为社会尽职尽责。班干部必须树立热爱本职岗位，尽到班干部职责，诚实守信、办事公道、服务同学、奉献社会。

（三）家庭道德

家庭道德是调整家庭成员之间关系的原则和规范。对于班干部来说，家庭关系中，主要是与父母之间的关系和与兄弟姐妹问的关系。我国历来拥有重视家庭伦理道德的优良传统。其中，尊老爱幼、孝敬父母的内容占有重要的地位。不仅要孝敬自己的父母，而且还要尊敬其他老者。良好的家庭美德是每个学生的必备素质，也是对每个班干部的基本要求。

三、班干部的心理素质

心理素质指人的心理发展水平及心理对社会生活适应能力的综合品质。心理素质健全的主要标志是心理健康。心理健康与身体健康具有密切关系。世界卫生组织对健康的定义为"健康，不但是没有身体缺陷和疾病，还要有完整的生理、心理状态和社会适应能力。"健全的心理素质是一个人健康的身体素质、道德素质、能力素质的基础。没有良好的心理素质，就不可能具备较好的道德素质与能力素质。班干部必须具备良好的心理素质，健康的心理主要包括以下五个方面。

（一）具备正常的认识能力

认识是指人对事物认识与理解的心理历程，包括知觉、记忆、思维、想象、学习等心理现象。班干部应具有正常的认识能力，即要求具备敏锐的感知能力、较强的记忆力、良好的思维力、丰富的想象力、清晰的表达能力和较强的理解能力，这些能力表现在班干部的学习和工作中，通常具有较好的方法和效果。

（二）具备健康的情绪

情绪是人对客观事物的态度体验，是人的心理活动的核心。良好的情绪利于人的躯体保持健康，而不良情绪则使人心理活动失衡。健康的情绪主要指：首先，积极情绪占优势，班干部应保持乐观的情绪，这样既可使人充满活力，也可以消除学习、工作带来的疲劳和不适应；其次，要合理调节情绪。班干部遇到工作不顺心时会情绪低落，焦虑万分，如果不进行合理调节，就会对工作效率造成影响；最后，情绪要保持稳定。在一定时期没有特殊刺激的情况下，班干部的情绪应相对稳定。如果无缘无故情绪波动、喜怒无常，显然就是情绪不健康的表现。

（三）具备坚强的意志

意志是推动人们采取各种行动，克服困难，达到预定目标的心理过程。意志坚强者具有较强的自觉性、果断性、顽强性和自制力，能够在实现目标的过程中机智灵活地克服困难和坦然地面对挫折；而意志薄弱者缺乏主动性，优柔寡断，害怕困难和挫折。对于班干部而言，必须具备坚强的意志，在学习、工作和生活中能主动制定目标，才能百折不挠地克服困难，取得成功。

（四）具备良好的交际能力

班干部要能够正确地认识自己与老师、同学之间的关系，不以自我为中心，不自私自利，心中有他人，能和周围的人和谐相处，并能采取积极主动的态度与他人交往，与人为善；有一定的独立性、自主性，不依赖别人，不屈从别人，不嫉妒别人，不固执己见。如果班干部对人际关系适应不良将会影响工作、学习和生活，影响心理健康，甚至导致各种各样的心理障碍，从而影响甚至阻碍才能的发挥和社会价值的体现。

此外，班干部的心理素质还包括健康的个性、健全的人格及较强的心理承受能力等，只有将上述各方面因素有机地结合起来，才能构成健全、健康的心理。无论哪一方面的因素丧失，都会危及心理健康，导致心理障碍。

（五）班干部的身体素质

身体素质包括人的体质、体力和精力等方面，主要表现为力量素质、速度素质、灵敏性素质、耐力素质、柔韧性素质。身体健康是人生存和发展的物质基础。身体是工作的"资本"，班干部必须具有健康的体质、充沛的精力、坚强的意志，不怕疲劳，能连续作战。不做到这一点，即使政治素质和心理素质再高，也难以充分发挥作用。因此，班干部必须注意了解卫生保健知识，了解体育锻炼的基本知识，掌握科学的健身方法和用脑方法，养成良好的锻炼习惯和健康的生活方式，以培养健康的身体素质。

现代医学研究和临床证明，长期坚持体育锻炼，人体的心血管系统、呼吸系统、消化系统、免疫系统功能会得到明显改善。体育健身的方法很多，由于不同年龄阶段人的体质特征不同，因此所采用的健身方法有所不同。

中小学生身体处在生长发育时期，心血管系统的重要器官——心脏还没有发育成熟，因此在体育锻炼中应对大强度、激烈的运动加以控制，时间不要过长，应选择具有灵活性、协调性及速度方面的运动项目，如跑步、游泳、篮球、乒乓球、足球、排球等球类运动。由于中小学生的骨骼与肌肉还处在生长发育中，肌纤维横径还不够粗，力量素质相对较弱，在进行器械力量锻炼时，要注意掌握好适宜的负荷，应以中、小负荷为主。

四、班干部的能力素质

（一）学会自我控制

自我控制，也就是自我克制，是一个人善于控制自己的情绪，对自己的言行加以约束，利用自己的理智，排除内外不良情绪的影响和干扰，利用生活上的自我免疫力修复自我的力量，恢复自信。

著名的物理学家居里夫人还在少女时，曾在一个乡绅人家当家庭教师。就在这一期间，这个富有人家的大儿子卡西密尔与她相恋了。当时她只有19岁，不懂得世俗观念的束缚，天真地认为只要两人相爱就可以结合在一起，相伴终生。于是，两人计划结婚。此事招致了卡西密尔家的强烈反对。尽管乡绅一家认为居里夫人天资聪颖、品行端庄，是一个好姑娘，但由于她家很穷、没有社会地位，他们的婚姻是门不当户不对，因而卡西密尔家坚决不同意这桩婚事。在父母的强烈反对下，卡西密尔屈服了。居里夫人从来都没有像当时那样感受到内心的煎熬。但她最终没有向失恋的痛苦低下头，而是凭借坚强的意志，控制住了自己悲痛的情绪，抑制住失望和痛苦，并在此后不久，走上了赴巴黎求学之路。如果没有坚强的克制力，恐怕一代大科学家就不复存在了。是自我控制使居里夫人找回了自信，重获新生。

那么，怎样才能做到自我控制呢？

1. 要勇于同自我作战

罗曼·罗兰在《约翰·克里斯朵夫》中说："生是一场无尽无休，而且无情的战斗，凡是要做个够得上称为人的人，都得时时刻刻向无形的敌人作战。本能中那些致人死命的力量，乱人心意的欲望、暧昧的念头，使你堕落，使你自行毁灭的念头，都是这一类的顽敌。"这番话已经明确表达了最大的敌人不是来自新的困难、挫折、不幸，而是你自己。你要用自我的力量去战胜自我的欲望。战争总是痛苦的，因为战争总是有伤亡、损失。与自我作斗争也是如此，也需要同你的欲望展开殊死搏斗。只要你的克制力向后退一步，欲望就会向前进一大步。不良情绪亦是如此。人生中痛苦、悲伤、气愤等在所难免，人本身就是一个七情六欲的综合体，你无法抗拒这些情绪、欲望对你的影响，而你又得时时刻刻与他们作斗争。有时，自制力也会有失败，但最终你还得靠自制力去消灭他们。控制住自己的不良情绪，遏制住不良念头对你的侵蚀，你就找回了属于你的自信。因为你本来就有自信，只不过被突如其来的打击笼罩住了。你所要做的就是用自制力去恢复自信，用自制来展现你自信的魅力，让自信在你身上重现光彩。

2. 培养坚强的自制力

自制虽然强调要用十分苛刻、残酷的心态去看自己内心的懦弱、悲伤、恐惧，去和它们作斗争，但自制的背后是有着美好的理想和坚实的信念支撑着的。自制的人理解人生的价值和意义，知道自己的人生目标在哪里，坚信自己的未来不是梦。因而自制的人常常借信念的强大支持，在自信的推动下，实现自我控制。他们清楚，尽管一时的放任自流会带来心理上的某种快慰，但向消极情绪低头的代价是巨大的，他们损失的将是宝贵的信念，一旦有了理想和信念的支持，自制力所能达到的程度是无法想象的。

作为一名班干部，如果你意识到了自己的许多不良习惯，如脾气急躁、"输不起"、抽烟、酗酒，甚至沉迷于看电视、玩游戏，你就应该下定决心去改。但习惯一旦形成就有很强的惯性，因而一时的根除几乎是不可能的。这时就需要你的毅力与决心，与这些不良习惯作斗争，这是培养你的自制力的绝佳时刻。一有反复就要时时提醒你自己，这也是心理暗示的一种方法。

其实，自制力并不难获得，关键是你用什么样的态度去对待这个问题，你用什么样的方法来训练自己的自制力。作为班干部，只要你从生活中的一点一滴做起，就能够克服自己的弱点和缺点。苏联伟大的文学家高尔基说过："哪怕是对自己小小的克制，也会使人变得更加坚强。"自制诞生于人们的每一次努力之中，自信也因此变得更强大。

（二）拥有充足自信

世界政坛上有一位十分出色的女性政治家，她就是英国前首相撒切尔夫人，人们都称她为"铁娘子"。撒切尔夫人并不是出生于名门世家，丈夫也只是普通人而已。在传统势力占主导地位的英国，这样的人在政治上很难有所作为，更不用说一个女性了。但撒切尔夫人没有顾虑这些，她凭借自己的信心、才华和顽强的毅志力考上了世界著名的牛津大学，并在不满 24 岁时就压倒了 21 位男性竞争者，成了区的保守党候选人。长期的政治生涯磨炼出撒切尔夫人无比的自信和顽强的毅力。1974 年，在保守党内部展开了一场围绕领袖地位的竞争。当时，保守党领袖希思在党内有着根深带同的势力，曾经有人向他发起过挑战，但最后都失败了。但是，撒切尔夫人却带着她的自信，走进希思的办公室，对他说："阁下，我来向你挑战。"简单、有力的话语震惊了希思和他的同僚。之后，撒切尔夫人开始了积极竞选工作，终于以绝对优势取得了胜利，成为英国历史上第一位女党魁。

自信带给撒切尔夫人成功，自信也是所有班干部的"秘密武器"，引导他们迈向了成功的阶梯。那么，怎样才能获得自信呢？

1.相信自己独一无二

遗传学家阿蒙·辛费特曾经说过："在世界的全部历史上，从来没有别人和你完全一样，在那无限遥远的将来也决不会再有你。"每一个人都是一个特殊的个体。自从诞生的那天起，你就是天地间一个精灵，面对一切现实、理性的目的，无论它是多么遥远，你都能达到，因为你体内有了达到你目标的一切潜能和力量，没有人能和你一样。你就是你，你就是天生的胜利者。无论外界的挫折、痛苦、磨难有多少，你的内心世界彷徨、犹豫、恐惧是多么强大，你都会战胜他们。你有这样的自信。

作为一名班干部，就应该有这样的自信，坦然面对一时的挫折，这一次考试没有考好，这一次班会没组织好，还有下一次。如果你有这样的信心，你已经是一个成功者了。

2.拥有端正的品行

心理学家克莱恩博士在他所著的《应用心理学》中认为："行动引导情绪"，"你若每天行事得当，就会感受到有相应的情绪出现。""白天不做亏心事，半夜不怕鬼敲门。"一句通俗的谚语也同样道出了世间深刻的道理。一个人做事时，一定要坦坦荡荡，按照公认的标准、约束、习俗来行事。既要对得起他人，也要对得起自己的良知。一句话，品行要端正。

的确，现实的行动常常会左右我们的情绪。比如，你在全校运动会上拿了第一名，你就会十分高兴。如果内心整天都在为明天不能挣到100万元而苦恼，那每天的心情肯定是郁闷的。因此，完全可以利用自己的实际行动来调控自己的情绪。

再比如，不要做一些让内心产生负疚感的事。作为一名班干部，如果利用职权谋取了私利，就会使良知饱受折磨，这种负疚感会趁机吞噬掉自信心。即使一时侥幸未能被他人发现，最终仍会"东窗事发"，完全毁掉在他人心目中的形象，摧毁来之不易的自信心。总之，品行端正会令人充满自信。

3.做事要量力而行

如果你只是一个十五六岁的少年，你就不要奢望自己能推动一辆小轿车；如果你的英语一直都很差，每次考试只能考40多分，就别指望下一次考试你能拿100分。尽管你做了很大努力，但力所能及是我们行事的一个重要标准。你只有知道你自己能干什么，能干成什么，才可以去选择你所要达到的目标，这样你才会因为自己的成功而倍增信心，自信的力量得到进一步加强。"蚍蜉撼大树，可笑不自量"的悲剧同样可以使你丧失自信。作为班干部，就更应该避免这样的悲剧，为自己寻找自己能做的事，然后去做这些自己能做的事。自信就是这样一步步建立起来的。

4.学会正视别人

眼睛是心灵的窗户，在我们获得的信息当中，80％是通过眼睛获得的。眼睛也是传达信息的器官。利用眼神来表达自己的自信是一个重要的途径。而正视他人则是其中一个重要方面。当你在和别人讲话时，你的目光放在哪儿？是对面的墙上还是对方的脚？如果是后者，在别人的心目中常常会留下你是自卑者的印象，好像你做了什么见不得人的事，不敢与他人的目光重合在一起。这实在是一个细微却不应该的举动。

作为班干部，要经常在同学面前发言，说话时正视他人，就表示你内心里并没有什么不轨的想法，你是诚实正直的，你所说的一切话语都是你内心真实的流露，都是真的。这样会令他人觉得他有充分理由相信你的话，你也会在不经意之间赢得他人尊重，为自己增添自信。

5.敢于大胆发言

美国成功学家拿破仑·希尔认为，有很多思路敏锐、天资聪颖的人，却无法发挥他们的长处参与讨论。并不是他们不想参与，而只是因为他们缺少信心，觉得自己的意见微不足道，与别人的想法相比实在太

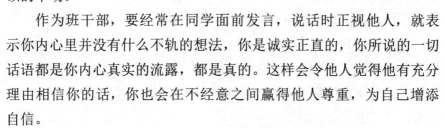

平常、太普通了，如果让别人知道一定会取笑我的，所以与其发言，不如保持沉默。

为什么不大声说出自己的看法，积极参加讨论？无论如何，你的想法就是你的想法，即使和别人的相同，也是你自己思考的结果，带着你自己的思维轨迹，深深打上了你个人的烙印。不要担心自己的看法被人嘲笑。如果在开会时，总是低着头，一言不发，那你永远都不敢在众人面前抬起头，永远都只能充当配角，成不了主角，自卑心理就会日盛一日，直到把你打垮。

大胆发言是增加信心的因素。作为同学表率的班干部，不论是在课堂上，还是参加什么会议，都要积极主动地发言，不论是提出自己的新观点，还是同意某人的看法，或是提出一些还不甚明白的问题，你都要高高地举起手发言。不要告诉自己最后一个再说，那么你永远也说不上。

6. 敢于同"高人"攀谈

"听君一席话，胜读十年书。"生活中，有许多人都有着比你高的学历、阅历、资历或级别，他们在不同的方面都胜你一筹。这就是他们之所以成功的关键，在他们身上，总有你可以学习的地方。同这些"高人"攀谈，会使你的眼界增宽，你的学识会有着不同程度的提高。你也可以尝试着提出与他们不同的见解。这是需要很大的信心和勇气的，你能提出自己的看法，本身就表明你有这样的自信：使"高人"明白你的看法，理解你的看法，甚至赞同你的看法。所以，同"高人"攀谈讨论会使你受益匪浅。班干部只有有这种敢于同"高人"攀谈的信心，才能促进自己的进步。

7. 勇于表达内心

当你遇到一件你从来没有经历过的事，如到一个陌生的地方，见到一个十分著名的大人物时，你内心难免会出现不安与恐惧。此时，你应冷静体察自己内心的情况，然后一个人或当众把自己内心最真实的感觉表述出来，那你此刻内心所承受的压力就会大大缓解，头脑也会变得清晰而有条理，这就是实验心理学的鼻祖威廉·华特提出的内观法。

总之，生活中你可以通过各种各样的举动来增加自己的自信。就在这样不断的练习中，你不但获得了自信，还养成了自信的习惯。爱默生说："习惯是一个人思想和行为的领导者。"休漠也说："习惯是人类生活最有力的向导。"一旦养成了自信的习惯，你就可以获得一种积极、乐观、开放的人生观。在任何困难面前，你始终会抬头挺胸，用自己坚强的毅力去克服这些困难，在人生的大舞台上唱好每一出戏。

"自信人生二百年，会当击水三千里。"如果你要成为一名优秀班干部，拥有一份健康、完整的自信是必不可少的。

（三）提高组织能力

所谓组织水平，是指为了有效地实现自己的各项计划目标、灵活地运用各种方法，把自己活动的各个部分、各个环节，从纵横交错的相互关系上，从时间和空间的相互关系上，有效地、合理地组织起来的水平。学会组织就是要求班干部要学会组织各种丰富活动，在活动中培养和锻炼自己的组织水平。对于班干部而言，组织水平对其生活、学习和工作都是十分重要的。作为沟通班内同学、班主任、任课老师、学校的纽带和桥梁，又是班集体的领导核心，就要随时接受准备学校和老师们交给的任务，就得随时准备筹划组织班内活动。因此，学会组织对丁班干部来说，简直是太重要了。而且，学会组织有利丁提高班干部自身的素质。如果班干部具有很强的组织水平，并能在活动中得到充分的发挥，就能使自己的生活、学习、工作有序、高效地进行。

组织水平不是一两天就能提高的，它需要你在日常的生活、学习、工作中去日积月累，那么应怎样来培养和锻炼提高自己的组织水平呢？

1. 多参加社会实践活动

组织能力是一项实践性很强的能力，班干部要想具备良好的组织能力，就必须多参加社会实践活动，在活动中去了解别人是如何组织活动的，别人组织活动成功在哪里，失败在哪里，哪些地方值得借鉴，哪些地方要予以改进……必须通过参与组织活动，接受熏陶，以此来使自己了解组织活动的过程、技巧等。然而，目前有许多班干部认为，参加太多的组织活动是浪费时间，会耽误学习。有这种观念的班干部要改变这种观念，因为你是一名班干部，就对班集体承担一份责任，也就不可避免地、或多或少地要举办一些活动，这就要求具有一定的组织能力。因此，作为班干部的你一定要积极参加各种社会实践活动，并以此为机会进行学习，从而使自己掌握一定的办事技巧。

2. 勇于担任干部职务

担任干部职务对于锻炼组织能力是必不可少的。作为一名干部，你辅助上级工作的过程，就是一个在实践中锻炼提高的过程。那么，对于学生来说，担任班干部职务，能使你不断地走向成熟。例如，担任一名班干部，你在工作的过程中总会遇到一些问题，这个时候，就要想方设法去解决，如果你解决了，工作能力在一定程度上就会得到提高；如果你不能予以解决，就要向老师、同学请教。他们给你的指点，会使你通过间接的方式来提高自己的能力，其中也必然会提高你的组织能力。另外，作为班干部，你与别的班干部和其他学生干部之间还有交流的机会，这其实也是互相提高的过程。

3. 在组织活动中锻炼自己

一个人的组织能力如何是从他组织活动的质量中体现出来的。因此，作为一名班干部，你要主动地去组织一些活动，例如学雷锋活动、学习交流活动等，这样你才能发现自己组织活动的能力究竟如何。毛泽东曾说过，你要知道梨子的滋味，就得亲口尝一尝。同样的道理，你要想知道自己的组织能力怎样，也必须组织几次活动，得到别人的肯定，才能证明你具有很强的组织能力。你要具备很强的组织能力，就要勇于承担组织交给的任务，学会把任务从人员、时间、活动上予以落实，使活动不仅能如期完成，而且还要把活动组织好。比如，一个班干部因班主任重病住院，就主动承担了班上的一系列工作，如记考勤、每天值日人员安排等，他还组织了班上的学生轮流到医院照顾老师。等老师病愈归来时，班上的一切事务井井有条。这主要由于他在小学时，在老师的帮助下，经常主动承担一些少先队的组织活动，学会了如何统筹安排各项事务。由此可见，学会组织活动对于锻炼一个人的组织能力来说是非常重要的，但如何才能把活动组织好呢？这就需要你主动地去组织各项活动。

（四）协调工作关系

1. 清楚当班干部的益处

在学校中，每个学生都乐意"两条腿走路"。一方面在学业上继续深造，一方面不失时机地锻炼自己各方面的能力。前者经过几十年的实践已摸索出一套独特的方法和规律，并自觉自愿地付诸行动；对于后者而言，广大同学已经认识到理论与实践的联系有多么重要，能力和素质的培养已成当务之急。因而，不少学生寻找机会，课余时间或寒暑假期间外出当家教、找工作，或参加社会活动，而最为直接和现实的做法，就是将自己投身到班级工作中去，如果能当一名班干部则是两全其美的事。两全其美指的是：一方面，通过开展工作令自身得到锻炼；另一方面，能在与同学交往中加深友谊，使学生生活更加美好温馨。这是每个学生所追求的理想境界。

无数的实际经验也证明，若中小学生有一段当班干部的经历，会终身受益，当班干部的具体优势和好处如下：

（1）有利于培养学生的义务感和责任感，养成关心人、帮助人的好品德。这是一个人极其宝贵的精神财富。

（2）有利于督促学生以身作则搞好学习，为努力提高学习成绩获得近期动力。这是父母的一般化教育难以达到的。

（3）有利于培养自信心和克服困难的意志力。学生的拥护、教师的信任，会极大地增强学生的自信心，克服工作中的困难需要意志力，工作的出色需要开动脑筋积极思维。

（4）有利于培养学生人际交往能力，包括表达能力、组织能力、应变能力。这些能力的增强都有助于孩子走上社会后，取得更大的成绩。事实上，许多有贡献的科学家、企业家、教师、工程技术人员，许多杰出的领导者如厂长、经理、校长、部长在中小学时代都当过干部，是学校各项工作的活跃分子。

2. 协调好学习工作二者的关系

如何协调当好班干部和做一名好学生的关系，几乎是令每一位班干部和他们的家长颇为头疼的事情。许多同学作为班干部而言，是一名优秀班干部，但作为一名普通学生，却是一名学习成绩非常差的学生。于是，不少望子成龙，盼望孩子成才心切的家长就不愿意让自己的孩子做班干部。他们认为，只有学习成绩好，才能成才，当班干部既得罪人，又影响学习。个别家长甚至在孩子当了班干部之后，强迫孩子写辞职书。那么，如何协调当干部与做学生两者之间的关系，既做一名好学生，又做一名优秀班干部，使"鱼与熊掌兼而得之"呢？

（1）准确定位。学生应以学为主，学习是学生的本分，学习不好，就是做学生的失败，就谈不上威信，就会被"一票否决"。人的精力是有限的，人的追求是无限的，这就是矛盾。

同所有的普通同学一样，班干部是学生干部而不是"干部学生"，学生干部的首要任务是学习。因此，不论是在每天的时间安排上，还是在主观心理的倾向程度上，都应以学习为主，工作为次，不能主次颠倒。只有首先摆正二者的关系，才能做一名称职的班干部。对于班干部来说，学习和工作是相互矛盾的，但只要处理得当，二者就能相互促进。能当选班干部，说明自己有一定的工作能力，并且这种能力得到了老师和广大同学的公认。得此信赖，自己理应做好工作，以不负众望。班干部应是同学们的模范，这不仅体现在他们在各项活动中起带头作用，而且体现在学习上是佼佼者。因此，班干部在学习上就有更大的压力，如果能把压力变成动力，利用各种机会补偿因工作而损失的学习时间，同样也能取得好成绩。反过来，工作虽努力，学习成绩上不来，就会降低在同学中的威信，从而不利于班干部更好地开展工作。

（2）提高效率。时间对每一个人都是公平的，每个人每天都有24小时，班干部既要把学习搞好，又要把工作干好，二者兼顾，就需要有很高的效率，需要有"挤"的精神。

在经济工作中有这样一个公式：效率＝价值／时间，在价值固定的情况下，效率就取决于时间。对每个人来说，时间都是一个常数，但如何运用这个常数却大有文章可做。集中精力读一小时书，可能比漫不经心地翻两小时书的效果还要好；主题明确的短会，要比马拉松式的长会效率高几倍。因此，能否正确处理学习与工作的关系，还在于班干部是否有较强的效率观念。

（3）注重学习和工作方法。班干部在处理学习与工作关系时，也要讲究方法。不论是读书还是工作，精力都要高度集中，不要让杂念侵扰自己的思维。学习时想着工作，工作时又忙着学习，结果是既影响学习，又做不好工作。一般来说，班干部在学习时要力争做到：上课注意听讲，当堂知识当堂消化，课后首先集中精力预习复习功课，完成作业。某些工作也可以与学习交叉进行，如一些谈心和个别商量事情，就不妨安排在课间或在图书馆读书的中间休息时间。这样既调节了脑筋，又做了工作。这种时间上的交错运筹法，各位班干部不妨一试。

（4）养成制定计划的好习惯。班干部的工作一般比较琐碎，许多人常常有事多缠身之感。解决该问题的办法之一，就是依据本学期的课程安排和工作的具体情况，制定一套学习、工作计划。使自己的学习和工作能有计划、有步骤地进行。在时间搭配上，把学习和工作的高潮错开，如学期初可以多安排些工作，而学期末则应多用时间和精力复习应考，这样就会大大缓解二者之间的矛盾。

当班干部与成为优秀学生并不是水火不相容的，在现实生活中，大部分班干部都能做到二者兼顾。他们既能圆满地完成学习任务，又能尽职尽责地做好本职工作。还有不少优秀班干部更是做到了使二者互促互进，相得益彰，既是尖子生、优秀学生，又是优秀班干部、优秀少先队员或模范团员。

当然，这里有一个如何抓紧与合理安排时间，使学习、工作都不耽误的问题。我们相信，只要学生自己对待学习，有很强的自制力，很强的计划性，很高的效率，有"挤"的精神；对待工作，有很高的热情，很强的责任心，有勇往直前的精神，经受得起失败和挫折；再加上家长、教师互通情况，互相配合，对学生多加指导，矛盾是可以解决的。

3.科学安排运用时间

英国博物学家赫胥黎说："时间最不偏私，给任何人都是24小时；时间也最偏私，给任何人都不是24小时。"也就是说，每个人既可成为时间的主人，也可能成为时间的奴隶，其中的关键在于自己如何运用与把握。时间是每个人最宝贵的财富。凡是有成就的人，都有强烈的时间观念和运筹时间的本领。班干部作为学生中的领导者，能否科学地安排、合理而充分运用时间，将直接影响其工作的效率效果。班干部如何科学地管理时间，概括起来，主要有以下四方面内容。

（1）制定科学合理的计划。时间是公平的，对每个人来讲都是相同的，关键在于对有限的时间如何计划和如何科学而合理地使用。一个会管理时间的班干部就善于合理地使用时间，将一天的24小时计划得井井有条，充分利用。班干部在搞好学习的同时，还得安排时间来组织学生活动，主动向老师汇报工作，向同学传达学校、老师的指示精神，等等，很好地管理时间，尤为必要。以下四点可供班干部们参考。

第一，分清主次处理事情。

做事，要分清轻重缓急。首先去做那些重要的事，而不是那些好似"紧迫"的事，更不可终日忙于应付那些无关紧要的事。用精力充沛的时间做最重要、最难办的事。例行公事之类放在精神和精力较差的时间去处理。

第二，正确处理学习、工作、休息的关系。

一张一弛，文武之道。首先，班干部必须在学习方面起到带头作用，只重视工作，忽视学习的班干部是不可取的。因此，班干部必须安排充裕的时间保证学习，切忌利用上课、老师辅导、完成作业的时间来进行组织与策划工作。其次，班干部必须用相当部分的时间去思考和精心组织工作。最后，作为班干部，不能搞疲劳战术，还得有充足的时间保证休息，"不会休息的人，就不会工作"是真理。

第三，保持时间利用的相对连续性。

古人云："一鼓作气，再而衰，三而竭。"做一项工作或思考某一问题时，最好能够一气呵成、不要间断。因为被中断的注意力通常需要很长时间才能恢复。

第四，养成"日事日毕"的好习惯。

日事日毕，今天的事不要等到明天，上午的事不要拖到下午。精力在成功之中更新，而在拖延之中衰竭。每晚总结当天工作，分析利用时间的情况是否合理，有无浪费，如何改进，同时考虑明天的打算。

（2）学会像海绵"挤"时间。

时间往往是挤出来的，作为一个班干部要切实避免时间浪费。

第一，养成快速准时的习惯。

用"分"、用"秒"计算时间的人，比用"时"计算时间的人办事效率要高得多。做每项工作要给自己定出严格科学的时间限度，何时起，何时止。开会、约见要准时，养成开短会、说短话、写短文的良好习惯。

第二，善于简化工作。

任何一项工作只有简化到最低限度，才能最大限度地节约时间。简化工作有许多方法，如取消、合并、重新排列、变更、取代等，以避免无效劳动、重复劳动和低效劳动。比如，作为一名班长，在组织班级参加学校运动会时，就得善于将工作进行分解，充分发挥班内各委员的作用，可将活动分成参赛小组、服务小组、宣传小组等几个组，分头准备，不是班长一人事必躬亲，而只是充分发挥统筹与协调的作用。

第三，学会"见缝插针"。

化整为零，见缝插针。工作、学习的时候，必须善于零时整用，而不可整时零用。比如：随身携带工作夹，利用空隙时间工作；办公地点尽可能多地备有工作必须的手册、书籍、参考资料等，以备查阅。

（3）发挥群体效应，节约时间。

班干部不应该也不可能事事都得亲自去做，应当学会相信同学、依靠同学，充分调动其他干部和同学的主动性和积极性，减少自己工作压力与时间，并且要善于正确地使用手中的权利，认真执行民主集中制原则，善于决断而又不独断专行，善于听取广大同学的意见而又不人云亦云。只有如此，才能充分调动班内其他同学和干部的工作积极性和工作热情，同时又积极支持广大同学自觉、主动地参与。比如：班长、副班长，在工作中应充分调动学习委员、生活委员、文体委员等班内其他干部的积极性，充分发挥他们的作用，以减轻自己的工作负担，减少自己的工作时间，让自己能有更多的时间全面地考虑更重要、更紧迫的工作。

（4）改进工作方法方式，提高效率。

班干部只有努力改进工作方式与方法、提高工作效率，才能尽量缩短工作所需要的时间，从而达到事半功倍、节约时间的目的。

一是养成勤于记录的习惯。

好记性比不上烂笔头。班干部最好随身携带纸笔，发现好的创意、设想和观点时，应当立即记录下来。开会、听汇报、谈话中的要点，以及有关的事件、人名、数字等也应注意记录下来，以便需要时随时可以利用。

二是利用现代化工具。

班干部最好学会运用电话、电报、录音机、录像机、复印机、电子计算机等现代化办公用具，才能在工作需要时加快工作速度，提高效率，相应地提高工作质量。

三是提高会议效率。

恰当地选择开会时间,减少会议数量,缩短会议时间,切忌常开会、开长会。

四是适时休息。

在工作学习中精力疲惫时，应当进行适当调节，休息片刻，高度紧张的状态就会得到缓解，精力就会焕发出来。

班干部在人们心目中是素质和能力比普通同学要高、要强的一个群体。那么班干部应具备哪些素质？班干部又应具备何种能力？班干部又怎样才能提高自己的素质能力？

在知识经济大潮滚滚而来的今天，人们对能力倍加重视，社会对人才的选拔也迅速地从知识型向能力型转化。为适应这种转化，班干部应走出"高分低能"的误区，构建合理的知识、能力结构，重视自己的能力培养与提高。只有这样，才能排除各种阻碍能力发展的因素，科学有效地促进自身能力的发展，以强者的姿态自立于社会。

（五）班干部能力素质提高的要旨

1. 努力学习

素质和能力的提高发展，靠的是主观的勤奋努力，如两个人的先天素质差不多，他们所处的环境和所受的教育以及所从事的活动也大体相同。然而，由于两人主观努力不同，他们的素质和能力达到的水平也不同，这充分显示勤奋对素质能力提高的重要作用。分析成功者的传记，可以看到勤奋的重要作用。马克思写《资本论》，李时珍著《本草纲目》，爱迪生的1300多项发明……都展示了"天才出自勤奋"这一真理。勤奋的优势，主要在于以下两方面。

第一，勤奋能影响一个人所从事活动的广度。凡勤奋的人，必定经常不懈地从事各种活动，使素质在活动中得以全面充分的发展，使环境对人发生更大的影响作用，这必然促进能力的高度发展，有的人甚至达到天才水平。

第二，勤奋影响一个人活动的深度，可以使素质一般的人做出伟大贡献。英国数学家牛顿，刚生下来体重只有三磅，中学时也不显聪明，然而由于他勤奋努力，专心致志，终于成为大科学家。研究证明，成绩不佳的学生之所以学习成绩不好，不是由于能力低，而是态度消极，使他们既不能表现自己的能力，也不能发展能力。

2. 加强意志品质锻炼

任何人的创造性活动都要求集中全部精力，保持经常不断的努力，并非是一时高兴或灵机一动所能完成的。要做到精力高度集中，需要有坚强意志，去克服种种困难。创造性活动包含着极其艰巨辛苦的劳动，没有极大的意志和努力，是完不成的。

人的素质和能力总是在一定条件下发展起来的，然而一个意志坚强的人，可以克服种种不利条件使自己的素质得到提高，能力得到发展。我国南朝齐时人，江泌，家境贫寒，没有钱买灯油，就借月光读书，常年坚持，从不放过一个明月高挂的夜晚，曾因疲劳从茅屋顶上跌下来。由于他勤奋地刻苦攻读，终于成为当时最有名的学者。

古希腊的德漠斯梯尼，生来有口齿不清的缺陷。为克服这个短处，他以跑步和爬山时作长篇演说的方式增强音量，用口中衔着小石子的办法来校正发音。坚持勤学苦练，持之以恒，终于克服了先天口齿不清的缺陷，口头语言表达能力获得了高度的发展，成为当时享有盛名的演说家。

许多患有严重疾病与肢体伤残的人，凭坚强的意志发展各种能力。双目失明的奥斯特洛夫斯基写出了鼓舞几代人的传世之作《钢铁是怎样炼成的》；许多残疾人没有双手一样写字弹琴或两腿瘫痪仍靠双手劳动等。

3.严格要求自己

凡是在活动中充分发展自己能力的人，多半是对自己有严格要求的人。人的才能是在永不满足已有成绩、不断向自己提出更复杂的任务中锻炼提高的。托尔斯泰的巨著写了 *6 ～ 8* 次；帕斯卡修改《致外省人信札》稿达 *17* 次之多；李时珍为把《本草纲目》写得更完备，曾进行 *3* 次大修改，几乎都是推翻成稿，重新编写。

严格要求，可动员人内部的全部可能性与力量，去寻求解决任务的新方式和方法。这就会不断出现新任务与已有能力水平间的矛盾，这一矛盾的出现与解决就会推动能力的发展。

（六）班干部提高素质能力的误区

谁不想赢得班主任的夸奖："他（她）真能干"，哪个不愿班内同学都竖起拇指说："你真棒"。班干部们都迫切地希望能尽快提高自己的能力，但由于缺乏经验，有时往往自己努力了，却没有达到预想的效果，有时还会适得其反。以下四种错误做法就是常见的误区。

1. 努力无方向，盲从

有些班干部培养素质能力时喜欢盲从，不考虑与分析自己现有能力水平及特点，自己的优势能力与非优势能力何在，潜能如何，等等；别人干什么，也跟着去干。有些班干部培养能力不与自己今后的工作和个人发展目标挂钩，凭兴趣、图新鲜、目的不明确。盲目努力的结果往往是顾此失彼，干什么都不能坚持到底，效率不高，效果不佳。

要走出这一误区，一方面，应根据自己的特点和特长，选择与自己的优势能力相适应的工作，在胜任工作的前提下进一步提高自己的现有能力。另一方面，还要在完成工作任务的过程中一步一步地开发自己的潜在能力，使自己的总体能力水平不断得到提高。

2. 急于求成，欲速不达

班干部在培养与发展自己素质能力的时候普遍存在的一个心理障碍是急于求成，恨不得在很短时间内使自己各方面能力都有较大提高，一旦经过努力，成效不大或没什么成效，则会心灰意懒，乃至放弃努力。

应当看到，能力的形成与知识的获取不同，获取知识主要通过认真刻苦的学习，可在较短时间内见效。而把知识转化为能力，则需要较长时间的实践锻炼，还必须掌握一定的科学方法，如分析解决问题、计算机操作、口头表达等，这个过程更长、更艰巨。只有脚踏实地，勇于实践、坚持不懈、不畏困难、不怕失败、才能使能力得到发展。

3. 不切实际，追求完美

班干部常常有一种追求完美，希望自己是最好的，希望自己什么都好的不切实际心理：当众讲话要能吸引听众，要给别人留下深刻印象；与人交往要十分得体周到，处处表现出既有学识，又有风度；执行任务要完成得非常优秀，让上下左右都满意；只要付出就一定要有收获，只要干了就要得到赞扬。一句话，只需要成功，而不能面对失败。一旦没有达到以上要求，就会认为自己不行，不如别人，从而产生自卑自责，乃至丧失自信。

这是应试教育氛围下形成的追求完美心理在学生身上的惯性表现。要知道尺有所短、寸有所长，山外有山、天外有天，自己有长处，也有短处。班干部要学会接受自己不是在所有方面都最优秀的这种事实，要承认同学们在许多方面比自己更优秀。同时，要虚心学习别人的长处，不断把别人的长处变为自己的长处。此外，还要确定一个只要自己努力就能达到的、具有可控性的工作目标。如果盲目追求最好，一旦达不到，就会有挫败感。若是把目标定为力争比前一次干得更好，就能确保成功，自信心也会由此得到增强。

4.只顾做事，角色不明

不少班干部认为，当干部就是要多干工作，多干工作就能提高自己的素质能力，所以一头埋进事务堆中，干了这样忙那样，有时连上课都在想工作，甚至为了工作而影响上课。这些班干部的问题在于角色不明，把自己从"干部"变成了"干事"，其结果是事务缠身、疲于应付、事倍功半，费力而效果不好，老师不满意，同学们还有意见。

班干部就是要组织和带领全班同学共同完成某种活动。班干部的最重要能力是统帅能力和激励下属的能力，只知道自己干具体工作的人最多只能算干事。班干部应当看到广大同学也十分希望提高自己的能力，并尽可能地满足同学们的这种需要，将工作重点放在发动和组织同学完成各种活动上，主动为广大同学提供培养能力的机会，鼓励和带领同学们在完成活动任务中锻炼自己的能力。这样，工作可因有同学们的支持和参与而搞得更好，收到事半功倍的效果，自己的组织管理能力也能得到体现。

班干部如何配合班主任工作

一、处理好与班主任的关系

班干部是班级的真正管理者,班主任是班干部管理班级的帮助者。班干部和全体学生是班级的真正主人,班主任只是在学生的成长过程中提供帮助的人。这是正确的,但不能走向绝对化。班干部在管理班级的过程中肯定会出现问题,班主任必须起到扶正作用。我们要求班主任要做一名有思想的人。实际上,在班级管理中班主任的思想会不自觉地通过班干部对班级的管理表现出来。班主任掌握着班级的大方向,这个方向不能偏。所以,我们又要谨防班干部集体偏离现象的出现。班干部尤其是班长出现了思想与班主任思想不一致的现象,受害的一定是班集体。班主任要反省自己的管理思想有无漏洞,同时必须纠正班干部的思想错误。凡经教育不能改正者或者不能有明显的提高者,只能采取一个结果:考虑更换班干部,不能因为一个班干部而影响整个班集体的发展,况且撤掉班干部之后,通过集体来对失职的原班干部进行再教育,效果可能会更好。

所以,在一个班集体中,班干部和班主任一定要密切配合,积极合作,才能把班级工作做好,才能创建一个更加优秀的班集体。班干部应当认真做好以下五方面工作。

1. 对班主任的"指示"要认真执行

坚决执行班主任的指示,是对班干部的基本要求,也是每个班干部应尽的职责。在一般情况下,班主任对班干部下达命令,布置任务,都是从全局出发,经过认真研究、仔细考虑,在充分考虑同学具体情况的基础上决定的。因此，班干部对班主任的命令必须愉快、干脆、利索地接受，不能推三阻四，应付了事。即使在完成班主任下达的工作任务中有这样或那样的艰险和困难，也要发挥自身的主观能动性，千方百计地创造条件，克服困难，尽最大努力高标准地圆满完成班主任交给的工作任务。这样不被困难吓退，通过艰苦努力而完成工作任务的做法，是对班主任工作最大的尊重和支持，也才最能博得班主任的好感和赏识。

作为班干部，对班主任下达的命令、布置的任务、安排的工作、提出的要求，执行得越坚决、完成得越彻底、取得的成绩越明显，其在班主任心中的地位就越重要，在同学眼中的形象就越完美，在工作中的作用就越突出。在任何情况下，班主任欣赏和青睐的班干部都是踏实肯干、奋力拼搏的人，能在最短的时间内高质量完成任务的人。

2. 对班主任的"指示"要正确理解

班级是学校的一个组成单位，如同整个链条上的一个环节一样重要。学校对各班级要实施全面把握，进行科学的工作指导。班干部要主动接受学校和班主任的领导和指导，积极开展工作。班主任在班级工作上对班干部进行指导和领导，是班主任的本职工作，也是对班干部的信任、关心和支持。班干部在完成班主任交给的工作时，对班主任提出的总的指导思想、工作部署、标准要求、方法步骤、完成期限、注意事项等，都要反复地认真体会，掌握要领，抓住重点，全面正确领会班主任的意图，积极按班主任意图来开展工作。

有些班干部想不通，既然要求班干部有很强的独立处理班内各种矛盾与问题的能力，那么为什么还要老听班主任的领导和指导呢？有些班干部认为，老是贯彻班主任的领导指示，会滋长依赖思想。其实，这两种想法都是错误的。许多先进班集体的实践说明，班主任越是对班干部加强全面领导和具体指导，班干部的能力和素质水平就越高，解决班内问题和带动全班共同进步的能力就越强，班集体发展进步的成绩就越大。反之，如果班主任对班干部的领导出现"空档"，班干部不了解班主任的意图，得不到班主任的及时指示和帮助，解决班级问题和领导班级建设就只能凭原有的经验，这种经验的局限性必然会对工作造成一定的影响。所以，积极争取班主任的领导和指导，班级建设才能有明确的目标、明确的标准、明确的途径，才能少出差错、少犯错误、少走弯路。

3.要多与班主任沟通

争取班主任的领导和指导，要采取主动的态度。班主任的时间和精力也都是有限的，只有及时进行请示和汇报，多与班主任沟通，才能引起班主任更大的关注和重视，才能及时得到班主任的指示和帮助。因此，班干部应该养成多与班主任沟通的好习惯。

班干部在每个阶段或每项大的工作任务之前，要主动向班主任请示工作，寻求指示，接受具体要求和注意事项，进行很好的理解消化，并注意在整个工作任务过程中积极地贯彻落实。在一个阶段结束或完成大的工作任务之后，要及时汇报完成工作任务的具体情况。汇报要实事求是，既讲过程又讲结果，既讲闪光点又讲阴暗面，既讲成功经验又讲失利的教训。要特别注意，在汇报时成绩不夸大，问题不缩小，矛盾不回避，责任不推诿，有一说一。要杜绝汇报中的报虚情、说假话、好大喜功、报喜藏忧的行为。如实汇报情况可以使班主任比较全面地了解掌握班级情况，实行科学指导，做出正确的决策。

一般来说，班主任站在全局的高度，接触面宽，对情况了解得比较广泛，因而对问题看得会更透彻一些，对班级建设的规律性认识会更深刻一些，对具体问题处理的经验要相对丰富一些，因而所出的点子、所想的办法、所提的要求、所作的指示，就更切合实际，就更具有针对性、指导性。

对班主任的指示，特别是对班主任的批评，班干部要认真理解消化，从正面、积极的方面来理解吸收，从批评中看到自身的薄弱点，从批评中悟出一些基本的道理，从批评中寻找解决问题的出路和对策。要善于从批评中发现工作的突破口，善于把批评转化为抓工作的动力，善于用班主任的批评来激发学生的集体荣誉感和上进心，善于利用批评来加大处理特殊问题的力度。

对班主任的批评、指责，班干部要有一种平衡、平稳、平静的心态，巧妙地利用批评来扭转班级形势，从而达到班级建设的新飞跃。对班主任的批评、指责，要举一反三，由此及彼，从中受到更大的教益，实现"牵一发而动全身"的整体推进。接受班主任的指示、批评，不仅要遵照落实，还要悉心体会，认真学习上级的思想方法、工作技巧和处事方略，从中受到领导艺术的启迪和教益，以提高自己的处事能力和领导艺术，以班主任之长补自己之短，以班主任之经验补自身之缺陷。

4.特殊情况要提前报告

作为班委会成员，班干部要按照班主任的总意图、总要求，积极而又稳妥，大胆而又恰当地解决班级建设上的各种矛盾、困难和问题。能由班委解决的班主任不再插手，能在本班范围内解决的就不往上、往外推。尽量做到"班内解决"，尽量减轻班主任的负担。但班干部经验、能力、权限也都是有一定限度的。对超出班干部职权范围可能的一些特殊矛盾、特殊困难和特殊问题，则必须及时向班主任汇报，依靠班主任的帮助来解决。对班委会成员间难以协调的矛盾和纠纷或者班干部中严重违法乱纪行为等，都只能及时上报，通过班主任的干预来解决问题。对班内同学受伤住院、班内个别同学家庭的特殊困难、影响面较大的同学间的纠纷、严重违纪现象的处理等，都必须及时向班主任报告，请示班主任出面帮助解决难题。对从未遇到过的难以把握的问题的处理，要及时报告班主任，请班主任予以明确的处理意见。

对于每年度的三好学生、优秀班干部评选、奖学金评定及对违纪违规同学的处理、干部的调整等敏感而又直接影响人心稳定的热点问题，班干部一定要将具体情况提前详细向班主任汇报，争取班主任的理解、赞同和支持。提前汇报，还可引起班主任对所汇报情况的重视。

总之，提前汇报有利于班干部与班主任上下沟通，有利于班主任掌握下情，有利于上下取得共识，容易掌握在用人问题上的主动权，更加有利于密切班主任和班干部的合作关系。班干部要学会提前汇报情况，掌握汇报的恰当时机，尽力造成一种上下沟通、形成共识、相互理解、心情舒畅、有利于调动班主任和班干部两方面积极性的优良环境。

5. 对待教师要一视同仁

有的班干部对教师是"看人下菜"，对不同的人表现出不同的态度和规格。往往是对班主任热，对任课教师冷；对语文、数学等主要科目教师热，对地理、历史、生物等副科目教师冷，对中、青年教师热，对临近退休和刚毕业的教师冷。这种存有偏心偏见对待教师的态度，反映了个别班干部的不良倾向，这就必然会影响教师对本班进行正常教学。班干部不仅自己要端正态度，也应带动全班同学正确看待师生关系，对每一位教师都要一视同仁，做到对老师布置的任务、作出的指示和提出的意见同样服从、接受和认真对待，在态度上同样热情，在工作上同样支持，不应有亲疏厚薄之分。尤其对那些任职时间短、接近退休的老教师，更应该多一分尊重，多一分热情，多一分关心，多一些工作上的支持和帮助，不应出现"人未走茶就凉"的情况。

"一切行动听指挥"，是处理师生关系的基本原则。对老师的每项指示和安排，都必须认真对待，尽力贯彻执行。对老师的指示不允许搞"上有政策下有对策"，也不允许搞"有利就执行，无利就不执行"。不考虑个人的得失，不搞名不副实的花架子，全心、全力、动员全体同学把教师的各项指示都落到实处,把班级建设不断推向前进。密切同教师的关系，也要提倡讲奉献、讲友谊、讲支持、讲谅解。对艰苦的工作任务,要主动请战,争挑重担。对荣誉的分配,要不争不抢。对教师难以完全摆平的问题,要充分体谅教师的难处。对教师考虑不周的问题,要主动予以弥补,做好"补台"的工作,不看教师的笑话。对教师一时的误会、误解、要宽以相待,注意维护教师威信,不说三道四,不能得理不让人。积极支持教师工作,以高姿态、高风格来营造亲密无间的师生关系。

二、学会向班主任汇报工作

班干部主动向班主任汇报工作，或在接受学校检查时汇报有关情况，是主动接受班主任的具体帮助指导，为班主任的科学决策提供事实依据，不断推动改进工作的重要手段。但班干部在向班主任汇报工作时，往往出现两种偏向。一是报虚情、说假话、报喜不报忧，甚至是非颠倒，任意拔高夸大成绩，极力掩盖推脱责任；二是对工作心中无数，工作干了，成绩有了，但总结归纳不出来，汇报不出具体内容。这两种现象都直接影响班主任对班内同学情况的了解掌握，可能影响班主任的正确决策，也影响班主任对某些同学的正确评价，影响班级工作。班干部要熟练掌握工作汇报的基本功，使之达到"真实、准确、全面"的要求。

（一）做好汇报前的工作

"不打无准备之仗"，做任何事情都要充分准备才有成功的把握。向班主任汇报工作情况，班干部要注意做好准备，才能汇报到点了上，才能将班内情况如实反映上去，才能更好地得到班主任的指导和帮助，才能少走弯路，加快班级建设步伐。

1.列出汇报提纲

汇报工作情况是为了使班主任对班内某事、某人情况有一个全面的了解，从而进行具体的批评、帮助和扶持，这是加快班级建设的重要条件。对于主动向班主任汇报情况和接到班主任检查通知的情况汇报，都最好列出汇报提纲。列提纲的目的是突出汇报重点，增强汇报的层次感。在列提纲时，班干部应首先考虑本次汇报的中心内容是什么，如何围绕中心内容进行分层次的阐述。哪些内容该讲，哪些内容不该讲，哪些问题需详细讲，哪些问题可点到为止，哪些情况能直截了当地讲，哪些情况要委婉含蓄地讲，等等，都应在列提纲时考虑成熟，使汇报提纲没有"水分"，使汇报内容有血有肉，言之有物，没有废话。列提纲是为了使汇报内容充实、精练、有层次。在汇报时，应尽量不看或少看提纲，提纲内容应装在心里，而不可完全看着提纲汇报。

2. 打腹稿汇报

当受到一些没有提前打招呼的检查或班主任突然要你汇报某一方面的情况时，没有过多的时间列提纲，就应采取打腹稿的准备办法。心里应快速地考虑一个简略、扼要的汇报计划。包括汇报的主题、围绕主题分哪几个方面、列举哪些重要事例、如何把握有关问题的分寸、整个汇报时间等。按照这样的计划（实际是腹稿）汇报，就可以避免汇报时忽东忽西，语无伦次的现象，可以不慌不忙地把事情阐述清楚，表现出一种"全局在胸""心中有数"的精明、干练的素质来。没有准备靠打腹稿能汇报得有条不紊、头头是道，固然需要很强的快速反应能力和敏捷的逻辑思维概括能力，但更重要的还是在于平时计划性、条理性的工作习惯，在于善于总结经验、提炼思想观点的思维习惯。

（二）掌握汇报的主动权

由于工作时间的局限，班主任对班级情况的了解有多种多样的需求。班干部如果汇报得"不到位"和"出界"，就不能使班主任满意。这就要求班干部要确定最恰当的汇报内容，既能将班级情况反映上去，又能达到班主任的需要。因此，要弄清楚不同情况下的汇报内容的范围，才能掌握汇报中的主动权。

1.汇报单项工作

这种汇报主要是就某项工作情况的汇报。例如：学习工作、宣传工作、体育工作、班级活动等大的单项工作。单项工作还可根据实际情况作具体划分。单项工作汇报，主要是针对班主任下达的不同任务、不同要求的汇报，便于获得班主任的批评、帮助和对有关困难、问题的具体解决。

一般来讲，不同职责班干部对所分管的某项具体业务工作比较重视和熟悉，比较有经验，能一眼看出问题，也更有发言权，有能力解决这项工作的困难和问题。所以，无论主动找班主任汇报工作还是接受班主任对工作检查时的汇报，都应按班主任所分管的工作内容和范围，有针对性地进行单项工作汇报。这样容易得到班主任的具体指导，有利于推进某项工作的进展，这是符合"具体问题具体处理"的科学工作方法的。如果汇报内容过于庞杂、琐碎，只能让人感到乏味，耗费彼此的精力和时间，无益于问题的解决。

单项工作汇报，一般应包括五个环节。一是计划安排。对某项工作，作为班干部是如何分工具体抓的，如何安排部署的，有哪些标准和措施，等等。二是具体做法。即工作是如何组织实施的，有哪些典型做法，有哪些超常规的办法，具体的进展情况，等等。三是标准程度。目前，该项工作已达到什么标准、什么程度，取得哪些结果和成绩，与以前相比，与别的小组或班级相比有哪些不同之处，等等。四是经验教训。有哪些突破性、创造性、开发性的经验，有哪些能影响、带动全局的经验，还有什么问题及教训，这些经验教训应用很概括、很通俗、很精炼的话表达出来。五是态度决心。对该项工作的现状如何看待，对下一步有什么打算，有什么新的目标、新的设想，有什么需要班主任帮助解决的困难和问题，等等。这样汇报就能把握问题的实质，反映出工作的本来面目，让上级了解实情，从而得到支持和批评、帮助，

149

对学校建设将会产生积极的推动作用。

2. 汇报专门问题

这种汇报是班内出现特殊事件后，主动向班主任汇报和接受班主任调查了解情况时的汇报。例如，班里出现的典型人物，典型事迹，发明创造以及事故，案件和人为的损失破坏等，都属于特殊事件的范围，都应当及时向班主任汇报，以求得班主任具体明确的指示，才能将这些特殊情况进行特殊处理，以求得最佳结果。对班里出现的这些特殊事件，必然会引起班主任的高度关注和重视。对这些专门问题的汇报，指向性、目的性特别明确，就是只汇报这一专门问题，不涉及其他方面，只要把这一专门问题汇报透彻、清楚就可以了。

对专门问题的汇报，有五个要素是必须明确交待清楚的。一是当事人必须说清楚典型事迹是谁干的、发明创造是谁做的、事故是谁引起的等。二是时间必须说清楚。从什么时间开始至什么时间终结。三是地点必须说清楚。在什么地方干的什么事、创造的什么奇迹、完成了什么任务等。四是过程必须说清楚。整个事情的来龙去脉、前因后果、具体怎么干的、如何发展变化的、采取的对策办法等都应说明白。五是结果必须说清楚。事情的结局、问题的后果、造成的影响、引起的震动等，应该有明确的结论。把这五个方面说清楚了，班主任就能把握整个事件的全貌，便于帮助班干部将这些很少遇到的问题妥善处理好。

3. 汇报综合情况

这种汇报主要是对班级全面建设综合情况的汇报。一般由班长、副班长进行汇报。为了让班主任了解班里整体情况，从中探索班级工作规律，迎接学校对班级建设情况的全面检查、考核、调查研究，要听取班干部班级全面建设综合情况的汇报。这种汇报要求要详细、全面、准确，能反映班级的工作概貌，体现出班级建设的普遍规律和特殊要求，还能使班主任掌握班级建设的第一手资料，为其决策提供可靠的事实依据。

在综合情况的汇报上，不少班干部汇报得不成功，班主任和班干部本人都不满意的原因是汇报得杂而乱、没头序、华而不实，有现象、没规律，有过程、没结局，没有层次，没有重点，就像流水账一样淡而无味，让人听不出个所以然来。

综合情况汇报应当把握五方面的内容。一是年度（或阶段）工作的总体指导思想，也就是这一年（或阶段）时间内学校工作的中心任务是什么，要把班级建设到什么程度，本班工作的总体目标是什么，等等。二是全年（或阶段）的总体工作思路。三是班级各项任务进展情况。例如，全年（或阶段）主要干了哪些大项工作，完成了哪些艰巨任务，是如何全面建设班级的，有什么好的做法，等等。四是取得哪些成绩、存在哪些问题。成绩要讲够但不要过头，注意留有充分的余地；问题要讲透但不要强调客观，应主要从主观上找原因。五是经验体会。从班级建设的实践活动中总结出了哪些带有规律性的经验体会，有哪些开拓性的做法，探索出班级超常发展的哪些好路子、好办法，班级全面建设的主要障碍是什么，如何克服这些障碍，等等。进行综合情况的汇报，不能完全像复印机复印材料那样，照原样不变地就事摆事，而应在事实的基础上进行加工，突出规律性、经验性，把实践的认识提炼到理论的高度。

（三）讲究汇报的技巧

汇报要能汇报得真实、准确、全面，反映出本班的特点，有一个厚积薄发的过程。汇报是工作实践经验的积聚，是对事物观察、分析、概括的升华，是对感性认识的加工提炼，是对班级建设规律的积极探索，是对班级工作的再认识、再总结。班干部要认真掌握工作汇报的技巧，把工作汇报变成再认识、再总结、再提高的过程，以推动班级建设的健康发展。

1. 汇报要讲求事实

事实是客观存在的。事实胜于雄辩，事实是最有力的语言。班干部不管作哪种类型的汇报，都必须始终坚持实事求是，坚持用事实说话，才能说到点子上，才能说服人、打动人。离开事实去汇报，就是没有地基的大厦，没有不失败的。

（1）事例、观点相结合。汇报中的典型同学、典型事例要具体、实在，越具体、越实在，就越有可信度、越有说服力。这些具体、生动的事例，是对班内情况最有力的说明。但汇报不应是一大堆事例的罗列，而应是对具体情况有事实的分析说明。要用事例来引申，印证一定的思想观点，用思想观点来说明和分析具体的事例。在汇报中，没有事例的观点是空洞的，是缺乏说服力的；没有观点的事例是平淡的，是难有生动感的。事例和观点要相互交叉运用，可以深化汇报的主题，增强汇报的感染力。但观点应是在事例的基础上总结提炼出来的观点，事例应是在正确思想观点指导下的实践过程中的典型事例。

（2）用数字强化要说明的问题。在工作汇报中，应该力避使用模棱两可的词，如"大概""可能""估计""好像"这样的话应该少用或不用。对一些定量的工作或定性的工作汇报，一定要用确切的数字、数量的界限来说明问题。例如，本班总共有多少人，优秀生有多少，中等生有多少，后进生有多少，各占多少比例。用这样的数字、百分比来说明问题，使班主任能掌握本班的精确情况，便于其科学安排工作。在汇报工作中，凡是能用数量来说明问题的都应尽量用数量来说明问题。用数量来说明工作情况，既要有本班前后的数量对比，也要有与其他班的数量对比，用提高的百分比量来说明本班的进步幅度。

（3）要注意运用对比说明问题。用事实说话，要经过对比才能说明问题。一件事情孤立地讲别人看不出什么特点，而经过比较就能看出其不凡之处。有参照物才好比较，有比较才好鉴别，有鉴别才好看出进退优劣。例如，某同学本学期成绩总分是500分，这本身并不能说明什么，但只要采用比较的方法：与他上学期的成绩相比，成绩提高了180分；与班内同学比，他由原来的全班倒数第一名进步到班内第二名。这样横向、纵向对比，就能让人一目了然，一听就懂。

（4）要坚持"两分法""两点论"看问题。用事实说话，不能只讲成绩不讲问题，只讲优点不讲缺点。班内存在这样或那样的问题和缺陷，本属正常，如实汇报本班的缺陷和问题，可以得到班主任的批评、帮助和指导，从而获得解决问题、改正缺点错误的明确指示，问题和缺陷就会尽快转化为成绩和优点。

2.表述要清楚明白，准确而生动

汇报是通过语言来进行的。但同样一个情况，一件事情，可以这样来表达，也可以那样来表达，这就有个语言表达的技巧性的问题。正确使用语言，就能使汇报内容表达得全面、准确、鲜明、生动，具有说服力、感染力。既能使班主任对本班的情况得以了解和理解，又能取得班主任的关注、重视、指导和帮助。如果在汇报中语言枯燥无味、言之无物，翻来覆去总是那么几句话，言不由衷，词不达意，不仅班中情况说不清道不明，还会令人感到不耐烦。因此，班干部在汇报中，要学会用"语言"说话，形成自己独特的语言表达风格，使班主任对所汇报的内容能产生一种"身临其境"之感。

（1）开场白要恰如其分。汇报的开头是整个汇报的"序幕"。开头的语言，应该能使汇报对象产生良好的第一印象，应该引起班主任的极大兴趣，应该表现出班干部极具个性的语言表达能力。汇报的开场白，可以是以某一特殊事件为导引式的，可以是总概括结论式的，可以是引人思考设问式的，可以是直述表态式的，也可以是开门见山、直截了当地进入正题的。但无论用哪一种方式开头，目的都是为整个

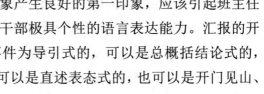

153

汇报垫平道路。要看班主任的意图、情绪、时间和环境气氛来确定汇报开头的方式和内容。开头语不能故弄玄虚、矫揉造作，给人以不实在、不认真的感觉，应尽量保持严肃而又欢快轻松的气氛。

（2）语言要做到大众化。班干部在汇报中要尽量使用口头语言和常用语言，大众化的语言既通俗易懂，又使人感到亲切、自然。如果在汇报中加以引用，就能增强汇报内容的真实感和感染力。要运用班中同学经常使用或创造的反映学生特色的一些朴素的语言。即使其中有些语言并不十分确切、规范，却体现同学的心声，体现了同学的想法和情绪。在汇报中多选择采用这样的语言，班主任就能听到班内同学的心声，就能看清班中问题的本质所在，就能更好地理解班内同学，更好地指导班内工作。

（3）要用有自身特色的新鲜语言和新鲜观点。汇报是对本班工作情况的汇总和小结，要尽量少用一些老生常谈的语言、观点，要积极使用能反映自身特色的新鲜语言、新鲜观点。汇报的语言要体现出自身工作活动的实践性、创造性、特殊性，应该是本班工作实践活动情况的真实写照，要杜绝大话、空话、套话等不良现象。汇报中的新鲜语言、新鲜观点，并不是到汇报时就能突然从脑子里跳跃出来的，主要靠平时工作实践活动的总结提炼，要靠平时在同学当中的调查、加工、吸收和深入体味。有创造性的思维、工作，平时有提炼、有积累，到汇报时才能有新鲜语言和新鲜观点，能产生一种"余音绕梁"之感。

（4）层次分明地把问题论述清楚。汇报不能随心所欲地想到哪里说到哪里，随随便便地乱说一气，这样不可能把问题讲清楚。为了将班内情况阐述清楚，使班主任听得明白，汇报时要层次分明，一步一步地往下深入，一个问题一个问题地说完整。整个汇报分出几个大的层次，每个大层次又分几个小层次展开讲。这样每个层次都是一个专门的问题，便于说清楚讲透彻。同时，各个层次、各个问题既相互区别又有所联系，从不同的侧面阐述并突出了主题，从而勾画出了班级完整的工作全貌。汇报中层次分明，要注意不要前后重复，不要前后矛盾，不要前后脱钩，而要互相衔接，互相衬托，互相照应。

（5）汇报内容要根据班主任的反应随时调整。班主任的工作着眼点和侧重点是有一定的倾向性和习惯性的。在听取汇报时必然会对汇报的语言内容表现出一定的情绪反应。如果班主任听得比较认真、兴致比较高、不停地做记录、时而插话提问、时而点头微笑，就说明对汇报比较满意，这时就可以放开地讲，讲得更具体生动一些。如果班主任不停地摇头、皱眉头、摆弄手中的钢笔，有不耐烦的现象，就说明班主任对汇报的语言内容不满意，这时就应尽快结束所谈的话题，迅速转换其他的话题和内容。如果能激起班主任的兴趣和注意，可继续汇报下去；否则，就应尽快结束汇报，请班主任指示。在中间调整汇报内容，要考虑听汇报班主任的需求。一般班主任喜欢开门见山直接谈正题，有的班主任喜欢直接听结果而不愿听过程，有的喜欢听结论而不喜欢听证据，有的喜欢简明扼要；有时班主任喜欢详细全面，有时喜欢只听重点内容……这就要求班干部在汇报中要观察班主任的反应，从中揣摩班主任听汇报的习惯特点，力图按班主任需求来调整汇报内容，尽量能按其需求的内容汇报好。要特别注意杜绝像和尚念经那样的汇报，不管班主任有无兴趣只是按准备的内容一点也不变地讲下去，这是很不可取的。

（6）结束语要言简意赅。汇报的结束语要短而精，铿锵有力。既可以是对整个汇报内容的高度概括，又可以是再度重申急需班主任帮助解决的困难和问题；既可以是对班主任关心的衷心感谢，又可以是代表班内同学表态表决心；既可以是提出新的主攻方向和奋斗目标，又可以是对今后工作的设想和打算；既可以是请求班主任进行批评帮助，又可以是对出现的问题主动地承担责任。总之，结尾要体现出奋发向上、努力拼搏、志在必得、继续前进的决心、气魄和勇气，给自己和给班主任以极大的鼓舞。结尾要简洁明快，话语不宜多，语意要深远。那种与主题内容无关、不合时宜的套话，都应当统统割弃，当断则断、当止则止，以富有激情的豪迈话语来结束汇报。

3. 力求良好形象

班干部向班主任汇报班内工作情况，不是一种个人行为，而是以班委会或全班同学的身份表现的一种职务行为。班干部代表全班同学向班主任汇报工作，从一定意义上讲班干部的形象也就是班集体的形象。因此，在汇报中一定要以自身的精神、品质、胆识、素质、能力和独特的思维方式、思想观念来表现出不同凡响的良好形象，用形象来说明问题。

（四）进行汇报后的反思

工作汇报是班干部的职务行为，汇报完毕不应是一了了之，而应进行深刻的反思，从而产生发扬成绩、修正错误、推进工作的积极效果，使之成为班集体实现新一轮全面发展的起点。那种工作汇报之后就高枕无忧甚至洋洋自得、孤芳自赏的情绪，实际上正是工作走下坡路的开端。要借向班主任汇报工作的机会，进一步调动全班同学的积极性，把班级的全面建设推向新的高度。

1. 对汇报内容进行反思，对各项工作进行检查

班干部在工作汇报结束之后，要冷静地反思汇报的内容。要考虑所汇报的工作情况是不是全面、准确、恰如其分，成绩有没有讲过头，缺点、错误和问题是不是都找准了、想到了，有没有"缺、剩、漏"的情况，还有什么阻碍班级发展的问题没有认识到。在反思的基础上，应该组织班内同学对班里的各项工作进行一次全面的检查，着重查找工作上存在的问题和漏洞，特别是要认真寻找一直影响和制约班级快步发展的习惯性的问题和那些习以为常、见怪不怪、没有受到重视的问题。务必坚持各项工作要求的高标准，要打破"只求过得去、

156

不求做得精""只顾眼前，不管长远""只图短期见效，不重打牢基础"的低标准思维定势。坚持高标准，才能找到问题；坚持高标准，才能改正问题；坚持高标准，才能真正加快班集体的建设步伐。

2. 接受班主任指导，制订整改措施

一般来讲，班主任听取工作汇报后会作明确指示，有一个明确的态度。班干部要认真研究班主任在听取汇报之后所作的指示和在检查工作过程中所提出的指导意见。要全面、深刻、透彻地理解、消化班主任的意图，转化为具体行动。班主任由于站在全局的高度，接触面宽，了解情况比较广泛，经验要相对丰富得多，对问题要看得透彻一些，对班级建设的规律性要认识得更深刻一些，因而作的指示、提的要求、出的点子、想的办法、进行的批评表扬就更加切合实际，更具有针对性、指导性。因此，班干部要善于从班主任的指示中发现自身工作的薄弱点和突破口，从而加大工作力度，把劣势转化为优势。对班主任的指示，不仅要遵照落实，还要认真体会，融会贯通，领会班主任的思维方式和工作技巧，从中受到启发，以提高班级建设的能力和工作艺术，以班主任之长补自身之短，以班主任之经验补自身之缺陷。在完整深刻地理解领会班主任指示精神的基础上，要制订出加强班级建设的整改措施，并尽快地贯彻落实好，切实做出成绩来。

班干部如何领导本班同学

一、协调好班内同学关系

（一）协调能力提高的障碍

所谓人际关系协调，即通过满足人们的需要，调节人与人之间情感上的差别，缩短彼此心理上的距离，使之建立良好、亲密融洽的感情或心理关系。班干部在实际学习、生活、工作中与同学建立的人际关系的水平，将会直接影响其工作的效果。而避免人际认知偏差或偏见，是协调人际关系的前提。人际认知活动是一种特殊的认知活动，比一般认知活动更易受个体的需要、动机、心理发展水平及生活经验和认知实践的影响，可能产生各种错觉和幻觉，导致认知偏差或偏见，成为班干部协调人际关系的障碍。那么，常见的影响班干部协调能力提高的障碍有哪些呢？

1. 以己度人

以己度人，又称自我投射，是指人们把自己的特征、爱好、情感、愿望投射到认知对象身上，产生认知幻觉，作出不合实际的评价。其特点是从自我出发认知他人，抹杀或混淆了自我与他人、主观与客观的区别，以主观统摄客观，将他人归结为自我。这种以自我为中心的认知态度和方式是极其有害的。为了客观而准确地认知他人，我们要尽量减少自我投射作用的干扰。人们常常用"以小人之心度君子之腹"来表达对自我投射效应的厌恶。

2. "晕轮效应"

"晕轮效应"，又称"光环效应"，是20世纪20年代，由美国著名心理学家桑戴克提出的。桑戴克认为，人们对人的认知和判断往往只从局部出发，经扩散而得出整体印象，以偏概全，好像夜晚刮风之前，天空中月亮周围的大圆环（月晕）是月亮光的扩大化一样。这是对别人认知和评价的一种偏差倾向。

"晕轮效应"有正负两种。正效应是从认知对象某种积极、肯定、良好的印象推导想象出对象的其他长处，对他作肯定评价。古人所谓"但见绿罗裙，处处怜芳草"就是晕轮正效应的结果。负效应则是从认知对象某方面短处着眼而推导出其他方面的缺点，于是作出否定判断。例如，看到某人较勤奋好学，就推导出他一切都是好的，看到某人顽皮，而推导出他不诚实等评价，从而作出他不是好同学的结论。

人的外显行为与内在思想、动机或人的外在服饰同内在心理是有联系的，而且人的性格的各个方面及人格结构的品质之间具有内在的联系，人际认知中某些"由表及里、由此及彼"的推测，不能说全部是错误的，但晕轮效应的最大错误就在于以偏概全。从认知理论出发，晕轮效应仅仅抓住了事物的个别特征，就草率匆忙地对事物的本质或全部特征下结论，这是不可取的。晕轮效应往往导致歪曲认知对象的整体形象与内在品质，造成对他人片面的不正确的判断和评价，阻碍人与人之间的正常交往。

3.个人成见

个人成见在心理学上被称为社会刻板印象，也称社会定型，或社会成见，是指人们对属于不同类型的人所持的固定看法。俗语"一朝被蛇咬，十年怕井绳"就是典型的社会刻板印象。在人际交往、人际认知中，人们常常按照预想的类型，根据不同的特点（如年龄、性别、民族、身高、相貌等）进行归类。然后，对每一类人套上自己头脑中固定的看法，以此作为判断某人的依据。个人成见一般不合乎实际，它往往过分强调"类"的特性而忽视个性，从而得出比较片面的结论。例如，认为女同学不如男同学聪明就是个人成见在作怪。

4.心理定势

所谓心理定势，是指人在认知特定对象时，心理上的准备状态。人们在对人的认知和评价时，往往会受心理定势的影响，即以主观倾向性解释客观信息，因而使对人的认知带上一定的主观色彩。

心理定势体现在人的认知习惯、情绪和心境中。人们在认知他人时，习惯于根据自己以往的经验来理解与认识或按自己主观想象来解释。比如：在人际交往中，由于对象跟自己以前交往经验中某人在外表上相似，就认为对象也具有经验中某人同样的性格、脾气，乃至有同样水平的德识才学。抑或自己心境好时，看他人的优点较多；心境不好时，则看他人的缺点较多。

心理定势还表现为"先入为主"的观念。人们对认知对象的认识不在交往时形成，而是仅凭舆论或档案过早下结论或凭空臆造，乃至歪曲信息来迎合主观想象，往往知觉出认知对象本身并不存在的东西。心理定势效应常常也会造成对人认知的偏差或评价的失误，成为人际认知障碍。

班干部在实际工作中，必须避免上述四种人际认知偏差或偏见，形成正确的人际认知，才能很好地协调人际关系。

（二）协调能力差的原因

班干部之所以在协调班内同学关系中遇到障碍，表现出协调能力很差的根本原因就在于其错误的归因，具体表现在以下三点。

1. 个人利益至上

一般讲，他人行为在涉及个人利益时，会较多地作内归因。有实验证明，当团体中失败者的行为结果可能损害其他成员利益时，其他人员就对他作出个人倾向的内归因。比如，班长将学习委员组织辩论赛时出现的失误归结为学习委员协调能力、组织能力较差，以避免自己承担相应的责任等。

2. 成功作内归因，失败作外归因

在一般情况下，人们常常对成功作内归因，失败作外归因。也就是说成功属于自己，失败属于别人。其表现为班干部在组织某项活动之后，若活动成功了，往往归结为自己组织得力、策划有方；若失败了，则容易归结为外部环境的因素，如天气不好、设备不行等。内部人际关系不和谐时，常常归结为他人素质不好、有人挑拨离间等；人际交往不顺利时，常归结为对方不真诚等。

3. "胳膊肘往里拐"

在认知过程中，人们对认知对象的归因常受感情支配而造成偏差。有的班干部在协调人际关系时，常常把与自己关系好的人的成绩作内归因，称赞是他努力的结果，对他的失败作外归因；反之，与自己关系不好的人，又往往把他的成绩作外归因，把其缺点错误作内归因。对同学之间的人际矛盾进行归因时，常会把原因归结为同自己关系不好的一方。

班干部在实际工作中，应尽量避免人际归因的偏差，归因尽量公平、公正，从而更好地达到人际协调的目的。

（三）提高协调能力的方法

努力提高人际协调能力是班干部协调班内同学关系的前提，班干部要具备协调人际关系的素养，需要注意以下六个方面。

1. 培养健康个性心理

"心底无私天地宽"，在交往中，具有良好思想品质、心底坦荡、光明磊落的人或态度诚恳、作风踏实的人，别人乐于与之交往，也容易形成和谐的人际关系。因此，从性格、气质、态度、情绪等个性方面练好内功，即培养健康的个性心理，无疑是消除人际关系障碍，建立良好人际关系的先决条件。班干部只有自己具备健康的个性心理，让同学乐于与其交往，才能善于人际协调。

2. 相信尊重他人

相信自己，也要相信别人。如果一个班干部对人、对事总是猜疑心重，老想到的是对方是不是在算计自己，就必然会影响对方。一个没有诚意与别人交往的人，一个不懂得尊重别人的人，很难与别人建立良好的人际关系。对于班干部而言，信任和尊重对于建立良好的人际关系也许不是万能，但要想建立良好的人际关系，没有信任与尊重，却是万万不能。

3. 以真诚待人

"真善美"三字，"真"字为首。在对待人际关系问题上，尤其需要"真"。这就是与对方相交要真心，不能虚情假意；表达自己的意见和态度要真诚，不可"绕弯弯"，对对方的意见或感受要敢于真实表达，讲真话、说实情。这样做，有时不一定都会有很好的效果，甚至还可能由于讲真话、说实话而"得罪人"，但从长远讲，唯有如此，班干部才能最终为同学所理解和肯定，从而建立起真正良好的人际关系。

4. 严于律己，宽以待人

严于律己，宽以待人这种态度包括待人处事要抱一种宽容的态度，而不苛求于人；以高度重视的态度来处理交往关系中双方的差距，以一种与人为善、助人为乐的态度来建立人际关系。这样，很多障碍因素就容易消除，人际关系的和谐也更容易成为现实。

5. 不断提高知识、经验水平

既不能自己看不起自己，又不能自高自大、目中无人。为提高知识与经验水平，班干部虽说具备一定的知识水平，但实践经验大都明显不足。由于人际交往的深度与和谐会受知识、经验水平差距的制约和影响，班干部想要与周围的同学或其他干部良好地沟通并建立融洽的人际关系，就需要不断提高自己的知识、经验水平。否则，就会因为长久的踏步不前，而在高水平的同学和学生干部面前妄自菲薄，不利交往，或者在与水平不如自己的同学和学生干部交往时，妄自尊大，形成交往障碍，不利于良好人际关系的建立。

6. 创建良好的组织氛围

建立良好的班组织氛围，是协调人际关系的保证。善于创造良好的环境气氛，往往会促进班集体中的所有同学的相互交流，从而有助于良好人际关系的建立。善于创造良好环境气氛的关键是要注意倡导一种健康、向上、民主、平等的良好风气。在这种风气的影响下，班内每个成员都能够从相互交往中获益，或大家都身心愉快，或彼此增进了解，或相互取长补短，才能减少误会。这样的环境气氛有助于班内成员之间形成团结和谐的关系，从而建立起一个良好、融洽的班集体。

二、正确激励班内同学

激励的方法是指利用满足同学心理、精神和物质方面的某种需要来激发同学的动机，发掘同学内在潜力，开发同学能力的一种管理工作方法。人只有在受到信任、激发和鼓励的情况下，才能发挥最大的积极性、主动性和创造性，才能产生最佳的工作成绩。班干部激励同学的方法主要有以下六种。

（一）目标激励法

目标激励法是用一个振奋人心、切实可行的奋斗目标来激发和鼓励同学努力学习和工作的方法。制定目标有如下四点要求。

首先要切实可行，目标过高会使人感到可望而不可及，不切合实际；目标过低，其实现轻而易举，完全不可能起到激励作用。目标必须恰到好处，能够催人奋进。其次，要广泛深入地宣传，激发同学为实现目标增强责任感和自豪感。再次，要把目标与同学的实际联系起来，使每个人懂得实现目标的具体途径。最后，要将目标与同学个人的切身利益联系起来，使其为目标的实现而更加努力。

（二）支持激励法

所谓支持激励法，又称表彰表扬法。就是对同学中涌现的好人好事、积极性和创造性精神等及时给予肯定、支持和表彰，如在同学中评选表彰优秀团员和班内各项活动积极分子等。在同学遇到困难的时候，要主动热情地帮助解决。及时对同学中好的方面给予支持、肯定和表彰，就可以使好的思想、品德、作风得到公认，使其产生光荣感和自豪感，激励更多的人不断上进。

（三）物质激励法

物质激励是通过满足同学某种物质需要，激发和鼓励他们采取积极行动的方法。一般是向成绩突出、贡献较大的班级或同学发放一定数量的奖金或实物，以示表彰和鼓励。对于学校来说，主要是对争得学校的"优秀班集体"或"××流动红旗"等荣誉称号的班级予以一定物质奖励；对于班级来说，可以向为班级争得集体荣誉的同学或某项或某几项表现突出的同学予以一定物质奖励。

物质激励法要体现三点。第一，合理性。奖励要同成绩和能力相称，拉开档次，不搞人人有份或平均主义。第二，公开性。奖励应公开进行，使每个人都能把握自己努力结果与获奖之间的联系或差异。第三，结合性。即把物质奖励同精神奖励结合起来，使之配合得当，相得益彰，以内化物质激励为精神力量。

（四）情感激励法

情感激励是通过满足同学共同需要的情感，以激发和鼓励他们积极行动的方法。人们的认识和行为，都是在一定的情感趋使下完成的。积极的情感可焕发出惊人的力量，而消极的情感则会妨碍进取。情感是人的行为最直接的激励因素，如信任、支持、民主、关怀、尊重等，都可以赢得人们之间的信赖、接近和交流。对于班干部

来说，如果能唤发起同学的集体荣誉感和班级责任感，是一种比什么都重要的巨大力量。它可大大推动工作的进程，并促进工作质量的提高。

（五）榜样激励法

人们常说，榜样的力量是无穷的。榜样给同学提供一个效仿的对象，只要同学对榜样心悦诚服，就能引起他们感情上的共鸣，给他们以鼓舞、教育和鞭策，激发起比学赶帮超的热情，进而修正自己的言行，向先进靠拢。

班干部在给同学树立榜样要注意以下三点。第一，要广泛征求同学意见，对榜样的宣传要实事求是，不要故意拔高。第二，要教育同学端正对榜样的认识。明确榜样并非完人，同样也有缺点，关键是要向他们好的思想行为学习。第三，在宣传榜样事迹时，要着重宣传其形成条件，指出学习或超过榜样的可能性。

另外，班干部还可通过自己的示范行为来激发和鼓励周围同学的积极性。班干部应以自己的模范行为去感染周围同学，激励他们，带领他们为完成共同的目标而努力奋斗。

（六）负向激励法

奖励与惩罚是激励的两种不同形式。班干部在激励同学时，除运用奖励之外，还应当把奖励和惩罚有机地结合起来。只罚不奖，不仅不能激励先进，而且使后进感到无望，也不能对后进起激励作用；只奖不罚，不仅不能激励后进，而且也不能激励先进。奖励和惩罚二者不能偏废，只有很好地结合起来才能充分起到激励作用。

惩罚是对人的某种行为的否定、批评和惩处，是一种负向激励，其目的在于纠正和消除这种错误行为，以教育或挽救犯错误者及教育其他同学。班干部在对同学进行惩罚时，可采取口头批评，书面通报批评等方式，或者通过表扬他人，从而达到批评的目的。

进行惩罚时必须注意以下五方面：

第一，分清错误性质，考虑是否必须惩处。

第二，调查同学犯错误的原因、动机和目的，划清从轻从重的界限。

第三，根据认识错误的程度和态度，惩处宜宽不宜严，立足于通过批评，教育，帮助同学改正错误。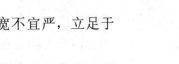

第四，慎重选用惩罚方法，如口头的或书面的，公开的或小范围的等等。

第五，可适当借助教师等的权威实施对他人的惩罚，以增强惩罚的效果。

总之，惩罚必须坚持严肃认真的方针，做到事实清楚，证据确凿，定性准确，处分得当。惩罚得当，才能变消极因素为积极因素，真正起到激励作用。

班内同学按思想品德、学习成绩可划分为优秀生、中等生、后进生三种层次，班干部要根据不同层次同学的不同特点，采取不同的针对性措施，从而调动起各层次同学的积极性，带动全班同学向优秀班集体的目标迈进。

三、调动优秀生的积极性

(一)优秀生的界定

优秀生是指那些思想品德、学习成绩及其他各方面都比较好的学生。优秀生一般都具有下列一些特征:

1. 拥有健康人格

他们在人前人后、校内校外表现一个样,他们能够随时随地自觉地按集体的规范进行自我塑造和自我完善。

2. 拥有积极向上的生活态度

凡是优秀生都应有积极的生活态度,如热爱生活,珍视自己的价值,主动承担社会责任等。

3. 拥有和谐协调的人际关系

他们尊重对方,重视友情,对人以诚相待,当别人有困难时热情帮助。他们宽容大度,不计人过。总之,优秀生在待人处事方面始终恪守"温、良、恭、俭、让"的原则,因而能同周围的人建立起和谐协调的人际关系。

4. 拥有强烈的求知欲望

强烈的求知欲望也是优秀生最显著的特征之一。古往今来,莫能例外,谁也不曾听说过一个没有求知欲望的人成为优秀生,并在今后的生活中对人民有所贡献。求知欲是一种力求认识世界、渴望获得文化科学知识和不断追求真理,并带有顽强热烈的情绪色彩的意向活动。求知欲是一种巨大的精神力量,它使人们在学习的过程中有勇气克服一切困难和挫折,百折不挠地去探求成功之路。

5. 拥有敢于进取的创造精神

创造精神是指一个人随着知识的不断积累和才干的不断增长,逐渐蕴集壮大起来的发明、发现某种具有社会价值的新理论、新事物、新方法的能力。优秀生普遍表现出来的那种不畏艰难、顽强进取的态度和行为，就是这种创造精神的体现。当今的优秀生，他们好奇好问，什么事都想知道，都要问个清楚明白；他们喜欢思考，不满足于"知其然"，还喜欢探究"其所以然"。他们充满幻想，不只是爱动脑，还喜欢动手做，乐意在实践中增长才干。

6. 拥有发育正常的体质体能

正常发育的体质体能表现在以下六个方面：

（1）对外界环境有较强的适应能力和抵抗疾病的能力。

（2）有耐力，能较长时间地持续承担学习任务，能保持注意力的高度集中。

（3）大脑的兴奋性强，接受新事物快，分析、理解、判断力强，对新鲜事物特别敏感，能举一反三，触类旁通。

（4）耳聪目明，辨音能力强，能准确地由音及义，能敏锐地观察事物，把握本质。

（5）情绪稳定，有较强的自我调节能力，经常保持安详、愉快和自信、不暴怒。

（6）行动快速、灵敏、协调，在单位时间里，在各种复杂的条件下，能迅速完成某一动作，表现出快速、灵敏、协调的活动能力。

（二）优秀生对班级建设的作用

"领头羊""领头雁"的作用是一带一大片。每班都有优秀生，尽管优秀生的人数不多，但是他们所起的作用是非常重要的。因为优秀生往往是班上的骨干，是教师的主要表扬对象，"管"别人的机会多，无形中在一般同学的心中成为榜样和权威，其行为具有一定的吸引力。那些好的思想、表现将带动一片，出色的成绩甚至会引起轰动性效应。但是，如果班干部不注意调动这些优秀生的积极性，也会产生一些不良影响。例如，有些优秀生由于在班里处处"拔尖"，自然而然地就产生了"比别人高出一等"的骄傲情绪，有同学向他们请教问题时，就会表现得很不耐烦；还有些优秀学生因为作文比赛、智力竞赛获奖或是哪篇文章被某个刊物登载，便表现出不可一世的态度，慢慢地形成了他们骄傲自大、目中无人的不良性格；对这些情况放任不管，长此以往，班内的团结就会受到影响。

（三）调动优秀生积极性的具体方法

班干部可参照下列方法调动优秀生的积极性。

1.在班集体中建立优秀生和中等生、优秀生和后进生的互帮小组

建立互帮小组，有以下三大好处。

（1）优秀生在给中等生或后进生讲解知识时，本身对优秀生也是一个巩固和提高。

（2）优秀生在与中等生、后进生进行接触时，也可以发现这些学生身上的长处，学习他们的优点，有利于克服优秀生的骄傲自满情绪。

（3）可以加强优秀生与中等生、优秀生与后进生之间的友谊，加强同学之间的团结。

2.建立优秀生信息库，储备优秀生信息

一方面，搜集本班优秀生听课、作业、考试的材料。另一方面，多方搜集外班优秀生的材料，通过反复对比，使优秀生在横向上做到有自知之明；还可以翻开校史，仔细搜集本校以往各届优秀生在读同年级时的资料，编出一个纵向的参照系数。通过横向、纵向的信息比较，使优秀生对自己有一个全面的认识，从而做出相应的积极反应。

3.创立优秀生群体，培养优秀生气氛

跨越班级界线，在老师的帮助下组织全年级乃至全校的优秀生，多方开展活动，谈理想、谈学习体会，讨论学习方法，从而在思想基础好、积极要求进步的环境中，通过教师引导，使优秀生受到深层次熏陶，这样就避免了出现优秀生因"后无来者"而动摇或停滞不前的现象。

四、调动中等生的积极性

（一）中等生界定

中等生，有人又称他们为中间生，是介于优秀生与后进生之间的一个群体。这层的学生人数是非常多的。中等生是后进生的"预备队"，也是优秀生的"后备军"。因此，做好他们的工作是班干部做好班级工作的重要一环。

中等生有以下四个特点。

（1）渴求进步。一部分中等生智力中等，但学习刻苦，自尊心强。他们通常羡慕优秀生的成绩，希望得到老师、同学的信赖，有表现自己才能与智慧的要求。

（2）满足现状。一部分中等生思想上缺乏远大理想和进取心，行动上固步自封，学习起来信心不足，在取得好成绩时炫耀，考不好时，会自我安慰："××还不如我呢！"

（3）欲进畏难。一部分中等生缺乏必胜心理，缺乏克服困难的毅力，不能经受失败的考验，波动性大。学习劲头在某种情况下比优秀生还强烈，但不能持久，想努力学习，但又懒于刻苦钻研，在竞争中想胜，但又怕花力气。

（4）性格怯懦。一部分中等生怕"出头露面"，日常少言寡语，习惯对周围的一切持观望态度。课堂上习惯听别人回答，不愿在他人前表达自己的看法。

（二）中等生对班集体建设的作用

作为班干部，一定要重视调动中等生的积极性，他们发挥的作用有如下三个方面。

（1）在一个班集体中，中等生所占的比例相当大，一般在50%左右，有的还可能更多一些。要想把一个班集体带好、抓好，就要力争做到把中等生转化为中坚力量。这部分学生的进步成长，可以推动整个集体向前迈进。

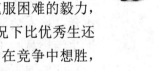

（2）中等生对班集体建设起着巨大的推动作用。中等生只是指学习成绩处于中等水平的学生，但中等生中不乏在学习之外的其他领域内表现优秀甚至超常的人才。如果这些中等生的长处发挥出来，会对班集体建设大有益处。

（3）中等生并不是永远不变，他们"可上可下"。在某种特殊的条件下，或在特定的环境中，他们常常成为学习、劳动、纪律等方面的"黑马"。因此，作为班干部要协助班主任调动这部分学生的积极因素，做好对他们的促进工作。

（三）调动中等生积极性的具体方法

班干部可参照以下方法，调动中等生的积极性：

（1）利用中等生的长处，合理地为他们安排工作，促使他们向好的方向转化。在某学校初二（1）班中，有一名叫马晓婷的同学，曾是个在各方面表现一般的学生，一度因追求穿衣打扮，使学习成绩下降。但她有一个特点：待人热情，肯为集体工作，不计较个人得失。于是，班委会成员一致协商，让马晓婷同学担任班里的卫生委员，协助生活委员的工作。从接受工作那天起，她就觉得自己身为干部，不应再这样混下去了。而且，老师、同学对她如此信任，就应该把工作做好，把学习成绩赶上去，经过一段时间的努力，马晓婷同学果然以新的面貌出现在同学面前。在老师的继续教育下，在同学们的热情帮助下，马晓婷同学有了很大的进步，一年后，她光荣地加入了共青团。

（2）吸收中等生参加班集体的管理工作。某学校初一（2）班的班委会在班集体中实行了两项学生管理集体的活动：干部定期轮换制和"二日班主任"工作制。这两项制度的实施对中等生来说无疑是提供了大显身手的好机会。在工作中，通过开展这两项活动，使班里的学生得到了不同程度的锻炼。在他们担任班干部和"班主任"期间，他们忘掉羞怯，抛弃以往的沉默，锻炼得开朗自信。从不会管理到学会管理，无形中使他们看到自己的能力，增强了他们的自信心。一些刚刚被换下去的班干部和"班主任"学生说:"真想再干一段时间","下一次再轮到我,我一定会比这一次干得更出色",等等。在担任职务期间,由于要管理班里各方面的事务。所以,中等生在各方面有出色的表现方能说服他人,这也无形中督促了学生的上进心和学习自觉性。同学们对他们的注意力也随之增强。这些来自外部的推动力和他本人塑造自我的愿望相吻合,从而使他们的才能得到了培养和发挥,他们自身中原有的积极因素也被调动起来了。

（3）分析原因,力争上游。在平时,班干部要帮助这些学生分析处于中游的原因,指出他们思想上、学习上努力的方向。

（4）互帮互助,共同进步,在班委会班干部的组织下,让优秀生和中等生结成互帮小组,并在中等生中开展以"议一议,我又学到了什么?"为主题的活动,让中等生有比较、有榜样,有一个良好的竞争环境。

五、调动后进生的积极性

（一）后进生的界定

后进生,有的是学习上落后,纪律上松散;有的作风上懒散,思想上不求进取,跟不上集体前进的步伐。凡是后进生,大都不同程度地具有以下一些特点。班干部要了解这些特点,以便有针对性地帮助后进生改正缺点,取得进步。

（1）自尊心强,他们不愿意教师当众对他们进行批评、训斥,也不能容忍其他同学瞧不起他们。

（2）任性、自制力差。思想、行为带有明显的情绪性,情绪变化大,意志薄弱,缺乏自控能力,反复不定,极易被外界的不良诱惑所支配。

（3）知识基础较差,是非观念淡薄。在行为方式上把包庇同学的过错视为够朋友、讲义气。

（4）喜群好斗，损人利己。后进生一般喜欢和与他们年龄接近、兴趣相同的"哥们儿""姐们儿"呆在一起。他们怕孤立，爱讲肝胆义气。多数男同学还逞能好斗，常常为一些鸡毛蒜皮的小事而大动干戈。有些人利己思想严重，常常把自己的快乐建在他人的痛苦之上。

（5）报复心强。后进生容不得相反意见，遇到什么挫折或吃了一点亏，就非报复不可，往往使矛盾扩大化、激烈化。

（6）自卑感很强。他们常常认为："反正也是这样了，谁也不会关心我们、帮助我们，就这样混吧！"

后进生虽人数不多，但影响很大，如果教育不当，会扰乱整个班级。作为班干部要认真做好这些人的工作。

（二）调动后进生积极性的具体方法

对于后进生身上具有的缺点，班干部应如何对待，如何引导教育，将直接影响到后进生的成长，影响到整个集体的前进步伐。在教育后进生这个问题上，班干部要注意以下八点。

1. 正确认识后进生

首先，要认识到后进生的形成有其具体原因，有的是由于家庭原因造成的，如家长每天晚上吃喝赌博，学生没有复习、做作业的必要条件，久而久之，学习成绩一直在班里最后。有的是由学校，甚至是由教师和班干部本身所造成的，有的则是受到社会上不良环境的影响，等等。只有当班干部进行深入地了解，探明后进生形成的原因后，才不会对后进生产生厌烦情绪，反而会产生一种帮助后进生、保护后进生的责任感。

其次，要认识到后进生不是一天、两天形成的。因此，不可能立刻完全改变他原来的缺点与不足。有了这个认识，才能珍视后进生的点滴进步。才能对后进生缺点错误的反复有足够的思想准备。千万不能给他们过早地下这样的定论："××同学天生的榆木脑袋"，"江山易改，秉性难移"。须知，后进生的"后进"有一个过程，"冰冻三

172

尺非一日之寒"，因而，对他们的转化也需要一个过程，因为，融三尺之冰也绝非一日之暖。

再次，认识到后进生改正错误、缺点最需要的是班内同学的友爱、信任和尊重。

最后，要认识到教育好后进生需要班集体的力量。一个充满爱心、拼搏向上的集体常能帮助后进生主动改正错误缺点。

2. 找寻后进生的闪光点

每个学生都有优缺点，在后进生身上，缺点往往多一些，显得突出点，优点可能少一些，甚至显不出来。班干部千万不能"哪壶不开提哪壶"，整天专盯着后进生的缺点，陷在解决问题的事务堆里，而要善于发现长处，扬长避短，争取帮助的主动权。

一个人，当他的人格被他人尊重时，便会产生一种积极性，这种积极性会使其以顽强的力量完成各项任务。所以，班干部一定要牢记这一点，一次机会可能会改变一个人一生的命运。哪怕是一点小小的突破，对于转变一名后进生也是非常重要的。它的重要性不仅仅在于这一点突破，更重要的是，它可能带来一连串的突破，整体的突破，可以使后进生由此体验到一个大写的"人"的尊严与幸福，树立起对未来的必胜信心。

一位优秀教师曾经指出："在犯错误的学生面前，困难的不是批评，不是指责，更不是数落他的一系列错误，而是找出他的错误的对立面——长处，只有找到了长处，才算找到了错误的克星，才帮他找到了战胜错误的信心的根据地"，"他的自信心根植于'长处'的土壤上，一点点地成长起来"。

天津市某初三（3）班的班委会针对学生自我认识不足，只注意自己的短处这一问题，专门设计了一个"闪光盘"，让学生们填写其闪光点。这个"闪光盘"上标有德、智、体、美、劳等各个方面，各个方面中又标有各项具体内容，如美育包括唱歌、跳舞、书法、绘画、手工制作、服装设计等方面的内容。班干部把班内同学填好的"闪光盘"挂在教室里,让同学们互相了解,互相学习。通过填写"闪光盘",可以使每个学生都发现,原来自己身上也有这么多别人不知道的优点,自己曾经在许多方面都有过成功的体验,学生会感到自己并不是什么都不行的,而是有许多优点的,以此来增强自信心。

班干部一定要注意,对那些平时学习差的、自尊心总受挫的学生,应尽量让他们多想想,鼓励他们多填闪光点,哪怕是学会一件小制作,为父母做了一顿丰盛的饭菜都要填上,并给予宣传和鼓励。这个班的班委会还定期在班里举办"优点轰炸"活动。这个活动由班长组织,同学们集体参加,先由学生本人找优点,再由其他同学帮助他找自己未发现的优点,尽可能把优点"炸开",让它放出光芒,并由班长记录下来,每次开展这项活动时,学生的积极性很高,连平时较自卑、很少发言的学生也能找出不少优点,发现自己的闪光点,树立了自信心。

3. 组织"一帮一"活动小组

"1+1"互助组,即由一名优秀生和一名后进生结对子,优帮差、优带差、最终达到共同进步的目的。这种互帮小组有两大优点:第一,教师教学生,学生有一种距离感,认为教师懂的我不一定能懂,而学生教学生有一种平等感,被教的学生想,他能懂的我也应该懂。这样会促使后进生去力争理解,力争进步。第二,有些"后进生"既不是智力差,也不是基础差,而是不努力、惰性大。现在有人来"一帮一",不仅帮知识,更是帮他们树立勤奋的态度。

班干部在组织开展"一帮一"活动时,要注意以下四点:第一,定人员。要选好帮助后进生的好同学,不要求多,但要求精,要选那些心理素质稳定、乐意助人的同学去帮助后进生。那些成绩出众但耐心不够,会讽刺挖苦后进生的学生,先不要让他去,以免"帮倒忙"。第二,定策略。要教育帮助别人的好同学在帮的过程中,不要急于求成,要有耐心和信心，要讲究方法和技巧。第三，定目标。因为被帮同学的程度参差不齐，所以帮的目标也各不相同，有的可要求在半学期达到及格水平，有的要求则达到 50 分就不错了，因为后者原来基础非常差。第四，定时总结。班干部在一段时间后（一个月或一个学期）要对"一帮一"的成果进行总结，对取得进步的后进生要及时表扬，对在"帮"的工作中取得成绩的好同学更要表扬鼓励；好的"一帮一"经验要推广，使这项活动能长期坚持下去。

4. 为后进生"精神充电"

据介绍，日本有一所举世无双的"鼓气学校"，设置的课程十分特别，学生每日数次走上大街高呼："我是最优秀的学生，我能取胜！我能取胜！我能取胜！"其目的就是要增强学生的自信心。我们也可以借鉴这种方法。虽然不可能让学生每日数次上街高喊，但班干部可在适时、适度的情况下，组织同学集体高呼："我有信心！我能取胜！"用集体的力量和保持乐观的情绪，相互感染，也不失为增强信心的一条有效途径。天津市某中学初二（3）班是全国优秀班集体，每天在刚一开始上课时，就有班干部带领同学们齐声高呼："我能成功！我能成功！我能成功！"同学们一致认为，"特别是全班同学齐声高呼时，有一个'群体效应'。大家相互竞争，互助感染，互相鼓舞，在这'我能成功'的声浪中，怯懦、紧张、疲劳、懈怠、拖拉和自卑等情绪常常被驱赶得无影无踪，尽管这些情绪过了一段时间还可能回来，但经常这样驱赶，自卑紧张的情绪就少得多了。"在这个班里，有时候，自习课比较累了，有的同学便建议："咱们高呼几遍吧！"不用说呼什么，大家已心领神会，热烈赞成，一声令下，大家起身，昂首挺胸，吸足气，放声高呼："我能成功！"有的学生管这叫"精神充电"，也有的说"这是精神加油站"。

5. 要增强后进生心理承受能力

开展系列活动，进行耐挫折训练，增强后进生心理承受能力。如

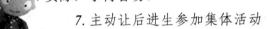

定期开展"大家帮我解烦恼"活动，活动中让每位学生在纸上不记名写下困扰自己的烦恼，收集后，让每位同学扮演心理医生的角色，随机抽出一张烦恼卡，读完后帮"烦恼主人"提出解除烦恼的"妙方"，最后由班干部总结并进行必要的心理指导。

6. 组织优秀学生给后进生介绍经验

会前，由同学们结合自己的情况，提出希望班上"××介绍某方面的经验，如学习经验交流会，由班干部主持，同学们先提希望和要求："×××，你学习上很有毅力，可我老是三分钟热度，虎头蛇尾，请你介绍一下自己是怎样坚持刻苦学习的"，"我学英语没少花时间，但效果老不理想，请××同学谈一谈你是怎么学好英语的。"针对同学们提的问题，优秀生介绍自己的认识体会和做法，现身说法，讲得实际，学得容易。

7. 主动让后进生参加集体活动

有的班干部认为，班上的后进生缺点错误多，有什么集体活动都不让他们参加，以此来惩罚他们；也有的班干部怕后进生在外面惹事，影响集体活动，也不愿让他们参加。其实，这种做法是非常错误的。要知道，在集体中，个人的权利和义务是一致的，不让后进生参加集体活动，结果只能使他们对集体不承担义务。在欢乐的集体活动时排斥他们，他们便会和集体疏远。不管后进生表现怎样，都要动员，支持他们参加各种集体活动。特别像春游、文艺晚会等活动，更要主动招呼他们参加，并且在活动中特别注意让他们玩得高兴，活动归活动，绝不在活动时候谈他们的缺点错误。只有集体时时想着这些后进生，他们才会有尊重集体、服从集体要求的义务感。尽管他们一时还不能做好，但这种义务感却是他们接受教育、改正错误的不可缺少的基础。忽视这个基础，对后进生的教育是十分不利的。即使后进生在集体活动中出现问题，也可以变成教育他们的一个大好时机。

8. 重视后进生的新想法

任何学生，在新的开端，总有一些新的想法和打算，这些想法和打算带有积极上进的色彩，后进生也不例外。班干部要注意抓住这一时机，对他们进行帮助教育。总之，无数事实证明，只要教育得法，今天是后进生，明天就可能成为国家需要的人才。

上面谈到的优秀生、中等生、后进生，他们中的每个人都是集体中的个体，对他们进行有针对性的教育，可以壮大集体。集体壮大了，可以使我们集体中的个体更健康地成长。集体和集体中的个体二者是相一致的。前苏联教育家马卡连柯曾说，每当我们给个人一种影响的时候，而这种影响必定同时是给集体的一种影响。相反，每当我们涉及集体的同时，也应当成为对于组成集体的每一个个体的教育。他特别强调指定，教育个别学生与教育学生集体是同时进行的。教育的艺术，就要求经常地从个人转向集体，并从集体转向个人。因为教育了个别学生，同时也教育了学生集体；个别学生品行习惯的好坏往往会给集体以巨大的或好或坏的影响。反之，对学生集体进行了教育，同时也是对个别学生进行了教育；学生只有在坚强的、自觉的集体影响下才能成为真正的人。

在实践中，班干部应着重抓好集体，还应注重抓好个体。

很多优秀班干部的经验表明：如果所在的班是一个乱班，那么，一定要先抓整个班集体的建设，然后再去抓集体中的个体，否则，将乱了阵脚。这是因为：第一，优秀个体对集体建设固然有着重要作用，但无论从数量上，还是从能量上讲，个体的力量均比不上整个班集体的力量。第二，优秀个体对集体发挥作用的一个先决条件是两者产生共鸣，共鸣程度越深，个体作用发挥得便越大；共鸣程度越浅，个体作用发挥的便越小。试想，一个乱哄哄的班，一个没有正确舆论和良好班风的班，如不加以治理，怎能只通过一个典型或几个典型来改变它呢？因为优秀的典型与乱哄哄的集体产生共鸣的基础太薄弱了。

如果所在的班是一个较稳定的班，如何将其推向新的高度、新的水平呢？优秀班干部一般采取先从个体人手，以个体来带动整个班集体的建设。当一个新设想、新方案要在集体中实施时，要看集体的基础，集体稳定的状态。稳定的集体，一般先从优秀个体抓起，以点来带动集体这个面。混乱的班级则先从集体人手，然后再抓个体。总之，只有当优秀个体与优秀的集体产生共鸣时，才能取得教育的最佳实效。从这一点出发，适时地根据班级特点，努力创设产生共鸣的条件。集体与集体中的个体是相互联系、相互作用、相互促进的，集体是做好个体工作的基础，个体的工作则推动集体的建设，两者的完美结合就构成了优秀班干部的工作艺术。

班干部如何讲究工作艺术

能够当上班干部，说明具备了当班干部的资格。但不能说明已经具备了当好班干部的本领。要想当好班干部必须具备当班干部的本领，具备当班干部的能力、本事、素质，掌握当班干部的方式、方法、技术、技巧。

一、班干部的领导艺术

领导是管理的灵魂，是最高层次的管理，是战略性的管理，是决策性的管理，是超前的管理，是宏观的管理。领导之责在于为组织设定合适的目标，并带领下属实现目标。领导之道在于决策、在于服务、在于用人。

（一）从实际出发

正如有些杰出的领导者所言，"领导者的工作是创造未来。"领导者是"组织蓝图的捕绘者和成功道路的设计者"。但是，当领导者为组织设定目标时，这个目标必须是可能的和有望达到的目标。作为一个领导者光有美好的愿望是不够的，还必须结合实际，从实际出发，根据实际情况确定符合实际的奋斗目标。

作为班长，首先要清楚目前本班的实际情况，本班有哪些优势，有什么不足，其次根据本班的实际情况确定班级的奋斗目标。再次是制定分步实现的分目标。例如，班的奋斗目标可以确定为争当学校先进班集体，为了实现这个目标，可以结合本班的优势，争取在学校运动会上总分第一，并拿到精神文明奖；争取在歌咏比赛中获奖；争取在学习方面成为年级先进；争取在日常的各项评比中始终名列前茅；等等。如果这些分目标一一实现，成为学校先进班集体的奋斗目标必然会实现。以下五点班干部需要注意。

（1）确定起跑线。没有起跑线就无从规划航程。虽然目标是朝向将来的，但目标确定是以现在为依据的。

（2）把目标清楚地表述出来。集中精力的最佳方法，是把工作目标清楚地表述出来。有一点很重要，目标必须是具体的，可以实现的。任何大目标都应该是由一连串的小目标组成的，大目标的实现都是几个小目标实现的结果。所以，制定工作目标时，必须分解成若干具体的小目标。

（3）目标应具有激励价值。太难和太容易的事不会激发人的行动热情。目标太低，不具有激励价值；如果目标高不可攀，则会挫伤积极性，反而起消极作用。

（4）积极行动。有目标但不行动，还是会一事无成，行动是化目标为现实的关键。目标写下来后，最重要的就是立即行动起来，向着目标的方向行动。

（5）适时庆祝。当一个小目标实现后，要适时庆祝一下，肯定已取得的成绩，同时为向下一个目标努力做准备。

作为一名班干部，必须养成一切从实际出发、实事求是的思想作风和工作作风，唯有如此，才能做好领导工作。

（二）民主决策

不同的领导者有不同的领导作风，现实中有三种极端的领导作风。第一，专制型领导作风。主观武断，独断专行，听不进别人的意见、建议，一切决定都是个人说了算。第二，放任型领导作风。毫无主见，不敢决策，大事小事都不做主，一切事情都交给别人完成。第三，民主型领导作风。鼓励别人发表意见，给别人说话的机会，善于听取不同意见，一切决策都是在广泛听取了群众意见的基础上确定，一切工作都是和群众一起来完成。

无数事实表明，民主型领导作风是最佳的领导作风，班干部要养成民主型领导作风。因此，班干部要做到：

（1）要信任同学。同学们都是班级的主人，都关心班集体建设，而且都愿意为班集体建设出谋划策。同学们都热爱自己的班集体，能够拿出有价值的建议和很好的方案。

（2）要依靠同学。同学们都愿意为班集体建设付出自己的智慧、时间、精力，在某方面都可以成为班集体建设的主力或骨干。要密切联系同学，与广大同学打成一片，一切为了同学，一切依靠同学。班干部要坚持民主型领导作风，吸收同学参与决策、参与管理。

（三）抓大放小、大胆授权

班长应当抓大事，抓主要矛盾，而不要把精力都放在琐碎的小事上。何谓大事呢？

第一，班长作为班级的领导者，其主要任务是贯彻执行学校及班主任的指示；制定班级奋斗目标；提高同学接受、执行班级目标的自觉性；激发同学实现班级目标的积极性；协调班内各种关系；妥善处理班内的各种矛盾或纠纷等。

第二，班长作为班集体建设的策划者、组织者，应当注重班级文化建设。如确立班级精神、班级理念；建立、完善班级规章制度；加强良好班风、学风建设；形成自己的班级特色等。

第二，班长作为班级领导班子的核心，应当团结全体班委成员，使班委会成为一个有战斗力的团队。在这支团队的带领下，实现班级目标，这是大事。

班长要善于抓大放小。也就是说，班长要把主要精力放在班集体建设的大事上，把那些琐碎的小事交给其他同学去做，而且不要过分干涉。试想，一个班长如果时时、事事、处处都事必躬亲，指手画脚，势必会打击其他同学的积极性。

班长作为领导者，善于用人、敢于授权是必须掌握的领导艺术。

班级的重大事项应该坚持集体领导、民主决策。同时，必须强调分工负责。班委会成员分别对自己分管的工作负责。班长不能横加干涉，更不能越俎代庖。

班长可以指导其他班干部工作，可以支持其他班干部工作，可以参与其他班干部工作，但绝不能干涉、接管其他班干部工作。

班长还应该善于发挥其他同学的积极性，把某项具体工作下放给有专长的同学，用其所长。

班长和班干部都要敢于授权、大胆授权。因此，要做到：

（1）要正确评估自己的能力，合理定位自己的位置。肯定自己的优点，承认自己的缺点，摆正心态。

（2）要培养团队精神，相信同学，善于分摊压力，做到该放手时就放手，能授权时就授权。

（四）勇于担当

干工作、做事情、搞活动难免会遇到困难、遭受挫折，也难免会出现失误、发生错误，甚至失败。作为领导者，尤其是"一把手"，不能独揽成绩、荣誉，而推脱责任。聪明的领导者会在荣誉面前退缩，把功劳让给别人，勇于担当的领导者面对挫折、错误、失败会挺身而出，勇敢地承担责任，勇敢地承认错误。

班长是班干部的楷模，也是全班同学的榜样，要勇于担当。因此，要做到：

（1）制定符合实际的长期目标和短期目标，不好高骛远、眼高手低。

（2）制定切实可行的计划和方案，尽量减少出现错误的可能。

（3）给予其他班干部自主权，对他们的工作不过多干涉。

（4）坚持原则性与灵活性的统一，工作过程中允许变通、善于变通。

（5）坦然面对失败，吸取失败教训，经受失败考验，主动承担责任。

二、班干部的管理艺术

管理是在特定的环境下，对组织或群体所拥有的资源进行有效的计划、组织、指挥、协调和控制，以达到既定的组织或群体目标的过程。管理应用于各种类型的组织和群体，目的是保证组织或群体目标的实现。管理的实质是追求效率和效益。

管理，是"管"和"理"的结合。"管"是表象，强调控制，突出理性；"理"是本质，强调理顺，突出情感。管理的本质是"理"，理顺关系，理顺人心。管理之道是以人为本。

班干部作为班级的管理者，要坚持以人为本的管理理念，在管理过程中发挥主观能动性，创造性地开展工作，在实践中不断提高自己的管理能力、管理水平。

（一）人本管理

管理不能"以物为本"，而应该以人为本。管理者要做到眼中有人、心中有人，凡事皆以人为先、以人为重、以人为尊。

人本管理必须以人为出发点。在管理过程中，要尊重、维护人的尊严权、人格权、人身权、名誉权、隐私权等基本权利。在管理过程中，要尽量满足人的合理需要和正当利益，要关心人的切身利益。在管理过程中，要真正做到因人而异，尤其是对那些有问题行为的人，要亲切关怀、真诚相待、耐心帮助。

人本管理必须充分相信人。要相信人性是向善的，管理要以正面教育为主。要相信人具有巨大的潜能，管理要善于激发人的潜能。要相信人都有自我实现的倾向，管理可以通过创设公平、平等、挑战性的环境，使人成为富有同情心、道德感、创造性，有民主作风，乐于助人，有自信心，善于独立思考等品质的自我实现的人。

人本管理必须坚持人的主体性。人都有发表自己意见、建议的愿望，都希望拥有"说话"的机会，管理要善于创造适宜的环境和条件，充分发挥每个人的潜力，让每个人都参与管理工作。人不但能接受责任，而且会主动追求责任，管理应当为人提供施展才能的机会和取得绩效的条件。

在班级管理过程中，班干部和同学之间是相互影响、相互作用的，甚至有时是相互转化的。班干部要相信同学、信任同学，应当树立每个人都是可以进步、每个人都愿意为集体出力的观念。班干部在管理过程中最好扮演促进者、帮助者、辅助者、合作者等角色，要充分发挥同学在管理中的主动性、积极性和创造性，做到互相学习、共同进步。

（二）注重细节

谈到工作时，人们常常用踏实肯干、认真负责、兢兢业业等字眼来形容。说明人们既看重工作行为，也看重工作态度。

工作态度引导工作行为，而工作行为反映工作态度。判断一个人对工作是否负责、认真，往往要看工作表现。工作态度决定工作绩效，而工作绩效反映工作态度。判断一个人对工作是否负责、认真，更看重的是工作绩效。

人们常说小事成就大事，细节决定成功。对于日常工作、具体工作而言，其工作效率、工作效果的确取决于细节。

班干部在工作过程一定要注重细节。例如，搞一次活动，准备工作要细致，内容安排要细，时间安排要细，场地安排要细，物质准备要细，人员分工要细，等等。如开头提到的写工作总结，内容全面固然很好，但是也必须注重形式，格式要正确，语句要通顺，措辞要恰当，文字及标点符号要准确等。

老师、同学在判断一个班干部的工作时，往往不是只看他是否加班加点，是否轰轰烈烈，更多的是要看他的工作是否混乱无序，是否漏洞百出，是否错误不断。人们常常会通过工作失误的次数、程度来判断其工作态度、工作能力。工作失误往往都是由于不重视细节造成的。

班干部一定要注重工作细节，如此才能取得良好的工作绩效。

（三）分享成绩

一个集体，在某些方面、某些时刻都会取得成绩。一个人也会在某些方面取得优异成绩。对待成绩的态度，可以反映一个人的人品。

集体在某方面取得成绩、某项活动取得成功，都不是一个人的功劳，都是大家共同努力的结果。有些人总认为，我分管的工作，我组织的活动，取得成绩就是我的功劳。其实不然，试想如果没有其他人的支持、配合，哪项工作、哪项活动能取得成功？即便是自己组织的活动、分管的工作，班干部也不能把功劳都归功于自己，更不能争抢别人的功劳。

班干部在某方面取得了优异成绩，也不要沾沾自喜、骄傲自满，而应当保持平和的心态。个人取得成绩，看似是自己努力的结果，其实与周围的很多人都有关系。没有其他人的培养、帮助、支持、鼓励，一个人是很难取得成功的。

班干部在成绩面前要冷静，要懂得分享。

（四）树立形象

班干部要想在同学面前有威信，就要加强学习，加强自身修养，让自己在学习、能力、品德等方面都比同学优秀；就要关心同学，信任同学，密切与同学的关系，拉近彼此之间的心理距离、感情距离。班干部必须具有能够吸引同学的人格魅力，成为同学心目中的榜样或偶像。因此，要做到：

（1）先做人，后做事。做人就是要品德高尚，就是要具有良好道德品质。如尊敬师长、友爱、善良等。安身立命靠人品，好人品是习得的，班干部要通过学习、体验、经历、实践等提高、提升自己的品德、品质、品格、品位。

（2）加强修养。修养是待人处事的态度和行为习惯，是学识、涵养、礼仪、素质等综合体现。有修养的人才有品位。

（3）保持积极心态。积极心态是指人在追求目标的过程中表现出来的进取向上的心理状态和行为倾向。班干部要用积极心态看事情，用积极心态对待同学，用积极心态对待工作。这样就会具有成功的欲望，就会积极要求进步，就会不断努力，就会创造性地开展工作。

（4）尊重他人。了解、满足他人的需求，感知、理解他人的情绪，尊重、接纳他人的意见、建议。

（5）严于律己。严格要求自己，自觉遵守纪律，言行一致，表里如一，诚实正直。班干部的人格魅力是感染同学、吸引同学、鼓舞同学的巨大力量。具有人格魅力的班干部在开展工作时，会得到更多同学的支持与配合，进而会促进工作的顺利进行并取得成功。

（五）引导公关

不是只有班干部需要树立公共关系思想，班内的全体同学都应当具备公共关系意识；不是只有班干部开展公共关系工作，班内的全体同学都应当做公共关系工作，即只有做到全员公关，才能取得最佳的公关效果。如何实现全员公关呢？

首先，全体同学必须做好本职工作。每一位学生都努力学习，都自觉遵守纪律，都积极参与本班和学校开展的各项活动，都注意个人形象等，做好这些就是做了公共关系工作。

其次，全体同学都应当主动宣传本班。每一位学生都应当利用各种机会宣传本班，尤其是在日常交往过程中，应当主动向交往对象介绍本班情况、介绍本班的先进事迹。

最后，全体同学都应当支持并积极参与本班所开展的公共关系活动。每一位学生还应该为本班的公共关系工作出谋划策。

要实现以上三点，班干部必须加强公共关系的教育、引导，让班内的全体同学都树立公共关系意识，都自觉开展公共关系工作。如此才能真正实现全员公关。

三、班干部的激励艺术

激励又称动机激发，是指持续激发人的动机，使其心理过程始终保持在兴奋的状态中。激励往往指调动人的积极性。

对于个人而言，学习效率、工作效率取决于积极性。积极性越高，学习、工作效率越高。

班干部要掌握科学的激励技术，充分调动、发挥同学的积极性。

（一）行为强化技术

人的行为是如何发生的呢？有一种最简单的行为模式，即刺激反映模式："S—O—R"。

S：刺激。外人给予的刺激。

O：个体心理因素。包括需求、欲望、态度等。

R：行为反映。

美国心理学家斯金纳提出强化理论。强调可以通过外部控制调节人的行为。所谓强化，是指对某一行为给予肯定或否定，会在一定程度上决定该行为是否重复出现。

正强化，是对某一行为给予肯定性评价。如认可、赏识、称赞、表扬等。

负强化，是当某种不符合要求的行为改变后，减少或消除不愉快的情境，使改变后的行为再现或增加。如某学生改正了错误，撤销处罚的约定。

惩罚，是使用令人痛苦的手段，制止不符合要求的行为再现。

自然消退，是对某种行为不予理睬，表示对该行为的轻视或反对，该行为会自行取消。

班干部应掌握强化技术，及时对学生的行为给予合理刺激。当学生做了好事、取得了成绩，要及时进行正强化；当学生做了坏事、违反了纪律，要及时进行惩罚；当学生改正了错误，有了进步，要及时进行负强化；当学生有恶作剧、开玩笑、无理取闹等行为，如果不是很严重，可以采取不予理睬的方式，表示对该行为的轻视或反对，让该行为自然消退。

运用行为强化技术时，班干部尤其要注意：奖励和惩罚都要及时、恰当，要坚持以奖为主，奖惩结合。

（二）需要满足技术

一般认为，人的一切行为都来源于人的需要，需要是导致行为的源动力。

需要是积极性源泉，是人进行活动的基本动力。人的各种活动，从饮食男女、学习劳动，到创造发明，都是在需要推动下进行的。需要激发人去行动，使人朝着一定的方向，追求一定的对象，以求得自身的满足。需要越强烈、越迫切，由它所引起的活动动机就越强烈。同时，人的需要也是在活动中不断产生和发展的。当人通过活动使原有的需要得到满足时，人和周围现实的关系就发生了变化，又会产生新的需要。这样，需要推动着人去从事某种活动，在活动中需要不断地得到满足又不断地产生新的需要，从而使人的活动不断地向前发展。

美国心理学家马斯洛根据需要的发展水平把人的需要分为五个层次，这五种需要按由下而上的层次排列是：生理需要、安全需要、感情需要、尊重需要和自我实现需要。要调动人的积极性就必须考虑到个体的需要。

就目前情况看，低层次的需要基本都能够获得满足，学生最欠缺的是高层次的需要普遍不能满足。班干部要创造条件，力争在本班内尽可能满足学生的归属需要、交往需要、尊重需要、自我实现需要等。

（三）活动参与技术

美国学者麦格雷戈认为，人是"自动人"。他认为：人从事工作，同娱乐和休息一样自然、快乐；人能够实行自我控制和自我指挥；人不但能接受责任，而且会主动追求责任；人最关心的是自我意识和自我实现需要得到满足；多数人都有相当高的创造力，一般情况下，人的潜能并没有充分发挥。

正因为如此，管理重点应该是创造适宜的环境和条件，让同学充分发挥自己的潜力和才能，充分发挥同学的主动性、积极性和创造性。管理制度应该是下放管理权限，让同学参与管理，保证同学有较大的自主性和自治性。应该采用内在的激励方式，即让同学在工作中获得知识，增长才干，发挥自己的聪明才智。

班干部在对同学进行激励时，要以内在激励为主要手段。例如：给同学更多的参与机会和自主权；为同学提供适宜的环境、条件，发挥学生的才能；增加同学的责任感、荣誉感、成就感和挑战性，对取得成绩的同学给予肯定、奖励和重用等。

（四）合理期待技术

美国心理学家罗森塔尔做过一项实验，他来到一所学校，先对学生进行智力测验，然后随便抄一份学生名单交给老师，并告诉老师这些学生"大有发展前途"。老师看了这份名单，发现其中不乏表现极差的学生，禁不住流露出困惑不解的神情。罗森塔尔解释说："我认为这些学生大有前途，指的是发展，而不是现状。"老师知道罗森塔尔是大名鼎鼎的心理学权威，自然对其经过"严格测试"所得出的结论深信不疑，言谈举止都透露出对这些"大有发展前途"学生的殷切期待、高度信任和热情鼓励。时隔 8 个月，罗森塔尔重返这所学校，对那些"大有发展前途"的学生再次进行测试，发现凡是列在名单上的学生都大有长进，一个个充满自信和活力，学习成绩都排到了前列，与老师沟通也都非常顺畅。这时他才对这所学校的老师说：他对这些学生一点也不了解。这一实验揭示了一种人生现象，就是生命具有极大的潜力和可塑性，期待具有特殊的引导作用，能隐蔽地发射一种心理能量，让被期待者朝着期待的方向行进。

班干部的最大价值就在于善于运用期待技术激发同学的信心，调动同学的积极心态，发掘同学身上的潜力，促使同学行动起来，用自己的智慧和力量达成心愿，把一个个美好的可能性都变成现实。当然包括那些所谓的不可救药、顽固不化的同学。其实，他们更需要班干部给予合理期待。

（五）公平技术

从一定意义上讲，人的积极性源自公平。个人只有获得公平对待、得到公平的报酬和认可，才会保持积极性。否则，将会影响人的积极性。

人的工作积极性不仅与个人实际报酬多少有关，而且与人们对报酬的分配是否感到公平更为密切。人们总会自觉或不自觉地将自己的付出及所得到的报酬与他人进行比较。如果感觉到自己的比率与他

189

人的比率是等同的，则为公平状态。也就是说，他觉得自己处在公平的环境中；如果感到二者比率不相同，则产生不公平感，也就是说，他认为自己的报酬过低或过高。不公平感出现后，会直接影响人们的工作动机和行为。

"平均主义"不是公平。干多干少一个样，干好干坏一个样，干与不干一个样，会打击了贡献大的员工的积极性。"轮流坐庄"也不是公平。评先评优时搞"轮流坐庄"，今天你是先进，明天我是优秀，这样的做法不仅会严重挫伤先进员工的积极性，而且会影响群体的健康发展。

班干部要清楚地认识到，只有当学生感觉到自己在班集体中是被公平对待的，他们才会积极努力地去工作。为此，班干部要掌握公平技术，在本班内营造公平氛围。激励时应力求公平，做到程序公平、结果公平。加强心理引导，使同学树立正确的公平观，要让同学认识到绝对公平是不存在的，不要过分斤斤计较。当然，班级只有真正实现了公平，才能真正实现对同学的有效激励。

班干部要避免的误区

一、常见的十种角色误区

有些班干部在工作过程中，不会处理工作与学习的关系，不善于处理人与人之间的关系，自觉不自觉地陷入了角色误区。因此，班干部要成功地扮演好自身的角色，必须充分正确地认识班干部的角色误区，自觉地远离误区，做品学兼优的班干部。班干部的角色误区主要表现在以下十个方面。

（一）不分学习工作主次

班干部具有学生和干部双重角色：首先，应成为好学生，将主要精力投入肩负的主要任务上，圆满地完成学业，努力从多方面提高自己。其次，才是当一个优秀的班干部，也就是说，在争当优秀学生的前提下当好班干部，做好自己担任的社会工作。但是，在现实中，有的班干部却不能正确认识和处理学习和工作的关系，不分主次，把学习放在次要位置，导致学习成绩下滑，甚至出现个别班干部因学习成绩不及格，导致出现留级或退学的情况。

造成这种现象的原因：一是认识错误。有的班干部错误认为，现在的中小学教育不再是应试教育，比较强调素质教育，因而应把主要精力放在培养提高自己的工作能力上，学习只求过得去就行了。殊不知，"只求过得去"的学习目标必然降低学习的积极性，学习动力大大减弱，学习缺乏动力必然产生学习成绩"过不去"的后果。二是行为错误，认识的错误必然导致行为的错误。有的班干部把业余兼职的干部工作当成专职任务，成天忙于班内工作，上课不专心，复习不认真。有的甚至以班内工作忙为借口而随便缺课或者不上自习，学习欠账日益增多，学习成绩越来越差。有的班干部为了考试过关，不惜冒风险，在考场上寻求"捷径"，违纪作弊，其结果是身败名裂。这虽然是极个别的现象，但却是极深刻的教训，值得引以为戒。

（二）缺失干部角色

有些班干部在工作过程中被动、消极。他们从来不主动开展工作，总是被动、拖延；他们从来不积极策划活动，总是听从别人安排；他们的工作从来不创新，总是因循守旧；他们从来不做具有挑战性的工作，总是拈轻怕重。表面看，他们并没有完全忘记自己是班干部，也没有忘记自己的职责。深入分析，是他们对待工作的态度有问题。正因为他们对待工作的态度不积极、不主动、不热情，所以在工作过程中才会消极、被动。

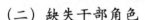

　　并不是每一位学生都有当班干部的机会，既然当了班干部，就要抓住这个机会，积极而努力地工作，在工作过程中充分展示自己的才能。

　　既然受到同学、老师的信任，当了班干部，就要积极而努力地工作，用自己的工作成效回报同学和老师的信任。

　　说当班干部是锻炼、提高、充实、完善自己的舞台，只是从一般意义上讲的，如果被动工作、消极工作，是达不到这种目的和效果的。只有积极而努力地工作，才能够达到这样的目的和效果。

　　班干部要时刻提醒自己，一定要积极而努力地工作。

（三）滥用"职权"

　　班干部的宗旨是尽心尽力地履行职责，全心全意地为同学服务，当好班主任的得力助手。但是，有的班干部缺乏宗旨意识，个人意识太强，把班干部岗位当作抬高身价的"梯子"。

　　有些人把班干部的职务作为抬高个人身价的"梯子"，利用职权为小集团和个人谋取私利。如有的班干部在主持检查评选工作中，不重条件，尽力为本人及比较亲近同学争荣誉；有的班干部利用掌管集体经费的权力，滥用、挪用甚至贪污班里公款，图名好利，严重违背了班干部的宗旨。班干部如果步入这种误区，肯定得不到大家的拥护和欢迎。从长远看，这种班干部很难确立科学的人生观、价值观、道德观，有的可能误入人生的歧途，甚至导致罪恶的人生。

（四）不能一视同仁

　　班干部担负着执行校纪校规的任务，如上课考勤，寝室、会场、校园值勤等。班干部本应秉公办事，对班内同学一视同仁。只有这样，才能服众，也才能维护纪律的尊严，搞好学校的管理工作。但有的班干部在执行纪律的过程中，却不能公正执纪，看人说话，对与自己关系亲近同学的违纪行为采取宽容、包庇的态度；而对与自己关系疏远的同学的违纪行为坚持原则，严格执行纪律。这样，必然导致同学之间的矛盾和冲突，也影响自身的威信。

用纪律做交易，用自己手中的权利放纵好友的错误，获得他们的好感。这样做实质上不是真正关心和帮助好友，也不是真正的友谊，而是个人私欲的表现。班干部如果步入这一误区，必定给自己的工作设置障碍，人际矛盾和冲突加剧，规章制度无法正常执行，各项工作运转困难，自己的形象暗淡、威信下降，还会导致集体风气不正，士气低迷，怨气高涨。这一误区负面影响较大。因此，班干部一定要公正廉洁、任人唯贤。

（五）工作上下推诿

有的班干部不愿意承担责任，他们要么忘记了自己的班干部职务，要么不知道担任此种职务就必须承担相应的责任。为了减轻自己的责任，他们常常采取上推下卸的办法，要么把责任推给班主任、老师、家长，要么把责任推给其他班干部甚至同学。

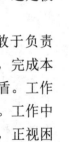

班干部在干工作、做事情、搞活动时难免会遇到困难、遭受挫折，也难免会出现失误、发生错误，甚至失败。有的班干部面对挫折、错误、失败就退缩，不敢承担责任，不敢承认错误，而是推卸责任，这是极其错误的。

导致这种现象产生的原因：一是缺乏工作责任感。不敢于负责任的干部就是缺乏责任心的干部，缺乏责任心难以担当重任，完成本职工作，也无法得到老师和同学的信任。二是规避困难和矛盾。工作过程充满着矛盾和斗争，不能面对困难和矛盾就只有不工作。工作中的困难和矛盾无法避免，上推下卸是一种消极的态度。因此，正视困难和矛盾，积极研究克服与解决困难和矛盾的对策，才是班干部应采取的正确态度。

（六）工作上虚报浮夸

班干部是社会工作的学习者和实践者。应培养求真务实的工作作风，只有真抓实干，才能学到真才实学。在现实中，有的班干部在工作中却仿效官僚主义的做法，只动口，不动手，不干实事，而汇报工作时，光靠舌头的"功夫"虚报浮夸，以虚无的"政绩"欺骗组织。

这是一种极坏的工作作风。这种工作作风既害人又害己，历史的教训极其深刻。

导致这种现象产生的原因：一是懒惰。干实事总要付出艰辛的劳动，要牺牲很多休息时间。惰性占主导的班干部是只动口不动手的"小官僚"。班干部如果只当指挥员，不当战斗员，是无法获得真知与才能的。只有克服惰性，做到勤动脑、勤动嘴、勤动手、勤动腿，才能学会做社会工作的本领。二是虚荣心作怪。有的班干部工作没有成绩，但又怕挨批评，还希望得到肯定，于是只有依赖于虚报浮夸，骗取别人肯定的评价。三是思想作风不端正。而有的班干部受了"不说假话办不成大事"这种坏思想意识的影响，不干实事，光说假话，虚报浮夸，欺上瞒下，这样的思想作风是极其要不得的。如果不端正思想作风，不干实事，总是虚报浮夸，违背客观规律，既做不好事，更做不好人。如果照这样发展下去，对工作将造成很大的损失，对自己的人生发展将设置许多障碍，给班级工作将会带来很大的损失。因此，班干部一定要远离这个误区，注意培养真抓实干、实事求是的思想作风。

（七）缺乏必要的原则

班干部是学生的主心骨。班干部的言行对同学言行将产生直接的影响。但有的班干部明知不对，却怕得罪同学，不敢坚持原则，也不敢扶正压邪，采取听而不闻、视而不见的态度。长此以往，这种班干部就会失去同学们的支持，甚至会遭到同学们的嘲笑和轻视。

（八）缺乏团结性

团结是班干部做好工作的前提和保证。班干部的工作要获得较好的成效，必须团结一切可以团结的人一道工作，特别要团结和自己意见不同的同学同心协力，增强集体的凝聚力和向心力，营造良好的人际氛围。只有这样，班干部的工作才会得到大家的支持，工作干得有声有色、富有成效。但是，有的班干部却不注意搞好班内团结，而是搞小团体、小帮派，使得人心涣散，工作无法正常开展，造成集体内部产生离心力，甚至歪风邪气盛行。这样的育人环境不利于学生的身心健康成长，不利于学生良好品德的形成和发展，也不利于学生潜心地学习钻研文化知识。所以，不讲团结、拉帮结派的这种角色误区是班干部的大忌。

（九）缺乏合作精神

有些班干部喜欢"单打独斗""孤军奋战"。他们认为自己完全有能力、有水平单独完成工作任务，于是不讲合作、不讲配合。也许你是一个"天才"，凭着自己的努力，有可能获得一定的成功，但你如果懂得与别人合作，集思广益，则会获得更大的成功。任何一项工作都要注重合作，发挥集体的优势，才能提高工作效率，获得更大的成功。

合作是两个或两个以上的个人或群体，为实现共同目标在某项活动中联合协作的行为。合作之所以能够产生力量，是因为：

（1）合作可以激发活动动机。由于双方利益一致，成员在活动中感到安全，降低对失败的恐惧，增强成功的信心。

（2）合作过程易产生有效的信息沟通。由于成员考虑的都是"如何解决问题"，无心理障碍，可以坦诚地进行大量的、有效的信息交流。

（3）合作过程中能够得到肯定性的情绪体验。成员间相互信任、接受、支持和喜爱。

（4）在合作中经常得到奖励，行为上得到正面诱导。凡是符合实现合作目标的行为都会得到奖励。

合作的前提是有一致的目标，活动结果不仅有利于自己还有利于对方。合作的积极作用是可以调动成员的各自优势共同完成任务，在复杂的工作中是不可缺少的。合作不仅能提高工作效率，而且在促进个体社会化、提高自尊心、形成积极的工作态度、提高工作能力等方面都有促进作用。

无论你是班长还是班委，抑或是小组长；只要你是班干部，就必须注重合作，善于与其他人配合。既要配合别人的工作，也要赢得别人配合自己的工作。只有班干部之间互相补台而不拆台，班级工作才会有声有色、朝气蓬勃。

（十）不注重个人素质

班干部在政治思想，学习生活诸方面的表现，对同学的影响都比较大。但是，有的班干部却不太注重自我修养，也不注意树立班干部的"榜样"作用。表现在不分时间、地点、场合与对象，而凭想象乱发议论，乱传小道消息，不负责任地乱说；上课迟到、早退、旷课；不爱整洁，在寝室里不扫地，不遵守寝室纪律；言谈举止不文明，说脏话，乱扔乱倒；自私、狭隘、办事不公道；等等，这些不良行为必然会影响班干部的形象，在同学中将产生消极作用。班干部的不良行为在同学们中造成了负面的影响，无形中助长了歪风邪气的蔓延。这不利于良好的学风、班风和校风建设。因此，班干部应以角色规范严于律己，规范自己的言行，加强自身的道德修养，改正不拘小节的坏作风，时时处处以身作则，起好模范带头作用，展示自己良好的角色形象，做一个名副其实的班干部。

二、避免八种角色误区的方法

正确的角色定位是对班干部素质的基本要求，但一般学生走上班干部工作岗位时，并不一定完全具备这些素质，而是难免犯这样或那样的错误。要准确地定位需要一个学习、锻炼的过程，班干部应如何避免这几种角色误区，进而提高自己的素质呢？许多班干部经验证明，以下四个环节是比较有效的做法：

（一）要经常进行自我反省

自我反省就是指自己给自己找毛病，找问题，找错误，就是自我检察，自我改正错误和缺点。我国古人非常重视自我反省的重要作用。从古到今，自我反省是一种行之有效的自我修养方法。《论语》中多处强调自我反省（内省）的重要性及其方法：《论语·颜渊》中："子曰：'内省不疚，夫何忧可惧？'"而《论语·学而》有"曾子曰：'吾日三省吾身：为人谋而不忠乎？与朋友交而不信乎？传不习乎？'"《论语·里仁》又有"子曰：'见贤思齐焉，见不贤而内省也'"，等等之说。明代思想家王阳明通过内省总结以往内省、自讼、思过等修养方法而在《传习录》中提出"省察克治"的修养功夫。他说："省察克治之功，则无时而可间。如去盗窃，须有个扫除廓清之意。无事时，将好色好货好名等私，逐一追究搜寻出来。定要拔去病根，永不复起，方始为快。常如猫之捕鼠。一眼看着，一耳听着。才有一念萌动，即与克去。斩钉截铁，不可姑容，与他方便。不可窝藏。不可放他出路。方是真实功夫。方能扫除廓清。"这里，非常形象地捕绘了内省过程中的思想斗争和非达目的不止的高尚境界。鲁迅先生曾经说过："我的确时时解剖别人，然而更多的是更无情地解剖我自己。"

众所周知，人的素质主要是依靠后天环境和教育影响而形成的，先天遗传只是为形成某种品质提供身体基础和心理基础，政治素质、道德素质、知识素质、能力素质、心理素质的形成皆是后天环境与教育影响的结果。环境和教育的影响通过自身的选择和吸收，不断培养和提高素质水平。在这内化过程中，自身起着关键的作用，是否主动接受影响，选择接受什么影响，等等将直接影响内化结果，其关键因素完全在于人们自身。所以，苏联著名教育家苏霍姆斯曾经非常深刻地指出，只有进行自我教育的教育才是真正的教育。

作为班干部，更是必须学会自我反省，不仅反省自己的政治素质、道德素质等是否符合社会道德规范，自己的行为是否能够为他人所接受；还要时时反省自己的能力水平是否适应工作发展需要，自己的心理是否健康，自己的文化知识是否有所进步等。只有在自省的基础上，才能科学确立自己的努力方向和奋斗方式，从而为自己的更大进步打下坚实的基础。

（二）保持积极的进取心

学习是进步的阶梯，也是提高自身素质的重要途径。随着社会的发展，学习对于人生所发挥的作用越来越大。当今社会是科技高度发展的社会，知识极其丰富的社会，因此，也是终身学习的社会。信息量的激增，彻底打破了过去人们企图通过十多年的学校学习便一劳永逸的美梦，要求人们必需掌握终身学习的方法，通过不断学习提高，才能保证自身各项素质能够始终适应社会发展的要求。据有关统计，科技情报文献资料的数量每十年翻一番。其中，尖端科技文献每二至三年翻一番，每年增加 *1500* 种，论文每十年翻一番。每年增加几十万篇，各种知识令人目不暇接。西德学者拜因豪尔感慨地说："今天，一个科学家即使夜以继日地工作，也只能阅读有关他这个专业的世界上全部出版物的 *5%*。"如此浩如烟海的知识海洋，不加强学习，不注重终身学习，显然是不可能成就成功的人生。作为班干部，更是要注重学习，要拿出比其他同学更多的时间和精力来学习，来提高自我。在学习上要注重向书本学习，同时还要注意向群众学习，向榜样学习，全面提高自身素质。

下面是同学们总结的三种常用的方式方法。

1. 把书籍作为学习的主要方向

书籍是人类进步的阶梯(高尔基语)，书本知识是人类文化的结晶。人没有精力也没有可能去发现各种知识，书本知识都是前人实践的成果，学习书本知识可以为人们一生节约大量的时间，以便更好地为社会做贡献。因此，作为中小学生，作为班干部，应该养成读书的良好习惯，同时还要善于读书。要不断总结学习的规律，创造出适合自己的学习方法。

2. 善于向他人学习

子曰："三人行，必有我师焉。"也就是说，三个人一块儿行走，那么其中就有人可以当我的老师。这句话是告诉大家，要努力向他人学习。作为班干部，每个同学都有不少智慧和经验值得人们学习。班干部要虚心向同学学习，善于和同学打成一片，吸收大家的经验和智慧，不断丰富和完善自己的素质。

3. 向榜样学习

榜样是指大家学习的行为典范。榜样生活在人们中间，他们以其自身的模范行动在物质文明或者精神文明上取得了较大的成功。向榜样学习有利于我们各方面素质的综合提高。比如，以革命领袖、英雄模范人物为学习榜样，以同龄人或者同类型人中的先进人物为榜样。班干部可以向优秀班干部学习，向学习成绩优异的优秀学生学习，向人穷志坚的特困优秀生学习，同时还要向在学生中涌现的全国先进人物学习，用他们的先进事迹来激励和鞭策自己，提高自身素质。当然，学习榜样必须付诸行动，停留在口头上的"学习"显然是不会收到应有的效果的。

（三）积极参加实践活动

"纸上得来终觉浅，绝知此事要躬行。"（《冬夜读书示子聿》）实践出真知，实践长才干。班干部由于工作原因，要经常参加和组织各种活动，这些活动就是实践活动。班干部要积极参加工作实践，在实践中不断地了解当干部的酸甜苦辣，加深对当好班干部的重要性的认识，在实践中不断地增知识、长才干，全面提高自身素质，使自己的工作得到学校老师的好评和班内同学的认可。

在实践中，班干部要注意以下三点。

1. "立足点"要正确

班干部要配合学校、老师，调动同学的积极性，建立和健全各项规章制度，加强学生的自我教育、自我管理、自我服务的作用，充分发挥人的潜能，发挥人的个性，所以他们的工作要立足于紧紧围绕以刻苦学习、奋发成才为中心，开展形式多样且富有成效的教育活动，在全面提高同学们综合素质的同时锻炼自己。

2. 注意改进工作方法，提高工作能力

班干部要边干边学，勤于总结经验。"抓两头、带中间"，善于针对不同层次、不同类型、不同年龄同学的思想特点，了解和掌握基本规律，并应学会晓之以理、动之以情地开展工作。在探索中前进，在实践中提高。

3. 工作作风要端正

班干部要求真务实，密切联系同学，敢于同不良倾向作斗争，充分发挥班干部的桥梁纽带作用，同时，自觉地接受同学的监督和批评，自觉地开展批评和自我批评，不断提高自己的素质。

（四）定期开展培训考核

为了提高班干部的素质，除让他们经常反省、学习和实践外，更需要学校和班主任采取措施，加强培训和考核，以提高他们的水平。学校可以根据实际分别采取长期和短期培训、校内和校外学习的方式，鼓励他们边工作、边学习，在实践中提高。参加各种短训班、组织讲座或引导他们参加选修课等，以增长见识、开阔视野、提高能力。班主任可以对他们随时进行指导，提出改进意见。同时，要建立完善的班干部考核制度。班干部的素质，只有在实际工作中才能体现出来，通过对班干部"德、能、勤、绩"等方面的考核与分析，才能够客观地评价班干部的工作，表彰先进，能有效地促使班干部自我反省、自我教育和提高素质。